SALE

IT WILL CHANGE YOUR LIFE

销售

改变你的一生

郑时墨　著

中国宇航出版社
·北京·

图书在版编目(CIP)数据

销售改变你的一生 / 郑时墨著. --北京:中国宇航出版社,2015.1

ISBN 978-7-5159-0866-3

Ⅰ. ①销… Ⅱ. ①郑… Ⅲ. ①销售—方法 Ⅳ. ①F713.3

中国版本图书馆CIP数据核字(2014)第302072号

责任编辑　卢珊　　**装帧设计**　杜晴岚

出版发行	**中国宇航出版社**		
社　址	北京市阜成路8号 (010)68768548	邮　编	100830
网　址	www.caphbook.com		
经　销	新华书店		
发行部	(010)68371900 (010)68768541		(010)88530478(传真) (010)68767294(传真)
零售店	读者服务部 (010)68371105		北京宇航文苑 (010)62529336
承　印	三河市君旺印务有限公司		
版　次	2015年1月第1版		2015年1月第1次印刷
规　格	787 x 960	开　本	1/16
印　张	13.5	字　数	200千字
书　号	ISBN 978-7-5159-0866-3		
定　价	35.00元		

本书如有印装质量问题,可与发行部联系调换

前　言

当一天尘埃落定，华灯初上时，你有没有想过，我们生活在一个怎样的时代？

我们所处的时代，商品种类极其丰富，商品供应极其充足，各种职业层出不穷。和商品一样，每一份职业上都贴着标签，明面上写着对学历、经验的要求，暗地里还藏着诸如“关系”等不能言说的秘密。这一切构成一道道门槛，将人们分类、塑造、定型。一般来说，门槛的高低，与收入和地位高低成正比。

那么，这世上有没有低门槛、高收入的职业呢？

当然有，那就是销售。只要你想，无须考虑学历与资历，谋取一份做销售的工作，基本上没什么困难。当然，销售也是一份淘汰率极高的工作。进得去，还要待得住并且做得好，这是需要花一番工夫的。

销售职业最吸引人的，不是该职业的低门槛，而是丰厚的收入与远大的前程。众所周知，在很多公司，收入最高的从来不是技术专家，而是销售能人。从普通销售员成长为公司老总或自己创业当老板的，也是比比皆是。

据调查，当今世界各大公司总裁，70%都是做销售出身。做销售出身的创业者，创业成功率也较其他人高出很多。为什么销售这一职业能够让这么多人创造出辉煌的未来呢？其秘密就在于，销售员通过销售工作，能够优化性格，完善自我，提升综合能力。

麦当劳创始人雷蒙德·克罗克，就是一位通过干销售而成就大事的人。克罗克干了32年销售，在59岁那年买下了麦当劳，并创造出代表现代美国的标志性文化品牌。克罗克所取得的成就，可以说不亚于任何一位美国总统。他身后的麦当劳帝国的触角延伸到世界各个角落，直到现在还在不停地扩张势力范围。

克罗克很小就辍学了，他 15 岁开始四处打工，27 岁步入销售员行列，从事过房地产、纸杯与新式奶昔机销售。

销售之旅并非一帆风顺，他曾经如此回忆："在佛罗里达推销房地产失败之后，我彻底破产，身无分文。那时，我没有大衣，没有风雨衣，甚至连一双手套都没有。我开车进入芝加哥，穿过寒冷的街道，回到家时，简直要冻僵了。"

销售房地产累积的经验，让他在纸杯销售中获益，从而过上了小康生活。转为销售奶昔机，又让他成为富有的中产阶级。1961 年，他高价买下麦当劳，则让他一跃成为超级富豪。

销售就是这么神奇，门槛可以说最低，收入却没有上限，前景更不可估量。不管你之前的学历或出身多么低，在销售这个平台上，都可以用新的规则对你自己重新定义。

投身销售，逆袭命运。《销售改变你的一生》是你改变命运的好帮手。笔者从事销售以及销售员培训多年，集经验、感悟于一身。本书具有很强的实用性和针对性，为刚进入销售行业和正在从事销售工作的朋友指明了努力的方向，并提供了切实可行的方法。

真诚希望所有有志于改变人生的朋友，都能通过阅读本书，在销售这个富有挑战性的职位上成熟、成长，直至最终取得伟大的成功！

郑时墨

2014 年 10 月

目录

第三章　金牌销售员的八大心态

销售不是人干的活，是人才干的活。它是一项历经磨练，又极富挑战性的工作，除了要求销售人员“走千山万水，说千言万语，吃千辛万苦”之外，更要求销售人员必须具备较强的心理素质。

第四章　销售是从被拒绝开始的

客户口里的“不”不是最后通牒，而是在向销售员发出求救：帮帮我，请给我更充足的理由让我好下定决心购买你的产品。或者，它只是一个用来讨价还价的理由。

第五章　给客户一个无法拒绝的理由

我将给他一个无法拒绝的理由。凭借这句话，教父考利昂这个老头子摆平了所有希望摆平的人。销售也一样，磨破嘴皮说上一万条理由劝说客户，不如给他找一条无法拒绝的理由。

第六章　销售不是打仗，双赢才是目的

乔·吉拉德认为：推销是一门双赢的艺术。你给客户带来了益处，客户才会让你得到利润——这就是“利益”的真谛。

第七章　提供优质服务，培养忠诚客户

销售是一种服务，服务也是一种销售。一名销售员如果你提供了不可替代的服务，就能让成交带来更多的成交。而那些不注重售后服务的，成交就如同一夜激情，天亮后说再见。

第一章

年轻人，干销售去

你为什么投身销售行业？

干销售有哪些重点与难点？

销售员最大的敌人是谁？

销售是实现商品和货币交换的过程，马克思形象地将这一过程称为“商品惊险的一跳”。销售员是促成这惊险一跳的关键环节。没有销售员，商品就会始终躺在发霉的仓库里，工人将因此失去工作机会，商人将濒临破产。可以说，是销售员点亮了商品经济的天空，没有他们，人们的生活将陷入黑暗。

年轻人，干销售去！

不是因为干销售能赚多少钱，重要的是这个职业很锻炼人。在这条荆棘密布的路上，你能优化性格、完善自我、提升能力。这些无形资产，对你的一生大有裨益。

什么样的选择决定什么样的人生。你选择了安逸，也就选择了平庸；你选择了挑战，也就选择了机遇。梦想与激情同在，奋斗与成功同行。

世界会向那些有目标和远见的人让路。

——冯两努

如果不做总统，就做销售员

曾看到一则笑话——

问："如何瘫痪美国，干掉总统可以吗？"

答："不行。不过，如果总统把所有销售员都关起来，你的目的就达到了。"

没有总统，社会还可以正常运转——比利时连续一年没有政府，社会也没有出现重大动荡。若没有销售员，我们社会的运转就会陷入混乱。听起来似乎不合理，仔细想却真是这么一回事儿。

美国前总统克林顿有一句在营销界流传极广的话，他说："如果不做总统，就做销售员。"可能有人会说克林顿总统擅长外交辞令，这句话不过是随便说说而已。不过，细一思索便会发现，作为这个世界经济的幕后推手，销售员的作用丝毫不亚于任何一位总统。作为总统，克林顿当然比大多数人更能理解销售员对一个国家的重要性，也更能理解销售能力对一位总统意味着什么。

我们都知道，很多皇帝天生就是皇帝，总统却不是天生的总统。世界上大多数帝王都是政权的传嗣者，无须做多少努力，便可以坐南朝北，君临天下。而不少总统却都曾是不起眼的小角色：乔治·华盛顿曾是一名土地丈量员，林肯曾是一名船员，里根曾是一名演员，克林顿曾是一名律师。

这些曾经的小人物，他们是如何迈向权力顶峰的呢？因为战功吗？不是，美国史上参加过战争的总统寥寥无几。是因为政绩吗？从基层一步一步坐上总统宝座的也并非主流。如果熟读美国总统的传记，你会发现，他们在迈向总统宝座的时候，大都做过一件事，那就是销售！

其实总统也是销售员，只不过他销售的不是具体的产品，而是一种治国理念。他们反复在公民面前推销自己的治国方略，并证明它的可行性，力图使人们相信：相信他，跟随他，就能得到大家想要的生活。关于这一点，奥巴马总统曾经说："美国总统竞选，实际上是理念之争。"如果把"治国理念"看作是一种特殊的产品，总统其实就是销售员！

和销售员一样，总统也需要时时刻刻地推销自己，让别人接受自己。在他们把自己的产品（治国理念）抛出之前，首先要做的就是把自己销售给大众。销售员受欢迎，他的产品就会畅销；总统受大众欢迎，他就可以在竞选中胜出。

1942年出生于墨西哥的福克斯，在墨西哥城伊比利亚美洲大学毕业后，去美国留学，就读于哈佛大学。

哈佛大学毕业后，福克斯回国，进入当地的可口可乐公司分公司从事销售员工作。为了迅速打开局面，他雇人制作了一批精美的日历牌，上面印上可口可乐的标识和自己的头像，赠送给墨西哥的大型超市与日用品批发商。

在频繁看日历的过程中，可口可乐迅速被墨西哥的商家和消费者所接受。按照日历上印刷的联系方式，主动找福克斯进货的商家日益增多。

可口可乐公司总裁在董事会上不无骄傲地说，福克斯这块"小牌子"（日历牌）的威力，无异于一颗重磅炸弹，它为可口可乐公司打开中美洲市场起到了巨大的推动作用。因为业绩优秀，福克斯很快从一名普通销售员晋升为可口可乐墨西哥及拉美地区公司的总裁，成为墨西哥家喻户晓的知名企业家和谈判高手。

1982 年，福克斯加入墨西哥国家行动党，开始步入政界，1988 年当选为墨西哥联邦议员，1995 年当选为瓜纳华托州州长。1999 年，福克斯辞去州长职务，正式代表墨西哥国家行动党参加总统大选，并顺利当选墨西哥总统。

虽然出身于销售员的福克斯当上了总统，但并不是每个销售员都能做总统，世界上也不需要那么多总统。那么不做总统的销售员，还可以做些什么呢?

根据相关调查，当今世界各大公司的总裁，70%都是销售员出身，而且做销售员出身的创业者，其成功率也比其他人高出很多。这一切，都源于做销售工作特别锻炼人，特别成就人。

再美丽的产品，如果没有销售员抬轿子，也无法“嫁”出去。销售，过去需要，现在需要，未来仍然需要。它将永远和物质生产一同并存，永不消失。

这个世界离不开销售，在众星闪耀的销售员队伍中，有一些人成长为太阳般辉煌的金牌销售员，有的转行成为赫赫有名的政治家、实业家。他们头脑聪明，经历传奇，业绩惊世骇俗。他们的生命像一条河，有跌宕起伏，有波澜壮阔。他们的生命像阳光，有阴郁幽暗，也有阳光明媚。他们本身就是一卷壮丽的史诗，读起来让人荡气回肠。

我一生最好的经商锻炼是做推销员，
这是我用10 亿元也买不来的。
——李嘉诚

干销售最锻炼人，也最成就人

在所有行业中，哪个职业能让你快速积累财富，快速触摸成功？

——销售！

销售能改变你的经济状况，让你的收入在短时间里得到大幅度增长；销售能锻炼你的各项能力，使你很快能够独挡一面；销售能够改变你对人生的认识，令你拥有更丰富的内涵。

杰克·韦尔奇曾说过："销售是通向 CEO 的阶梯。"其实，何必一定要做企业的 CEO，成功的销售员，如原一平、乔·吉拉德，他们本身就是"CEO"——自己人生的 CEO。

具体来说，干销售能够从如下六个方面锻炼人，成就人。

一、忍耐力

干销售不是一蹴而就能成功的，需要较长时间的铺垫与积累。一个月不出单，你能忍受，三个月乃至半年不出单，你还能忍受得了吗？

外出见客户，一次闭门羹，两次闭门羹……好不容易答应见你了，等你准备好登门拜访，对方又爽约了。再次约定时间，对方却在开漫长的会议。你从中午等到晚上，连晚饭也不敢去吃——生怕客户恰好散会。这些忍受得了吗？

遭到客户误解，被客户呵斥乃至痛骂，你能忍受吗？

身为销售人员，特别是身处市场一线的销售人员，无论是身体上还是心理上，都要面临诸多痛苦与压力。他们如传说中的凤凰涅槃，必须经历烈火的洗礼，才能在痛苦中获得重生与永生。

二、自制力

每一个优秀的销售员，都拥有超级的自制力。我的朋友刘先生，现在是某外企中国区销售老总。他说八年前刚进入公司当销售员时，每天5点半准时起床，对当天的工作进行详细规划：制定拜访顺序，计划出行路线，分配时间，分析客户资料，设计面谈策略……外出期间，午餐经常是一个面包、一瓶矿泉水。晚上回到家，还要对当天的工作进行总结与反思。各种朋友之间的聚会、娱乐，他一概不参与。心无旁骛地做了四个月，他才获得了第一个订单。

要靠学校和家长督促的学生，其学习永远是被动的、低效的。只有学生自觉与自制，才能让学习真正产生效率。学生不懂事，贪玩好耍荒废学业，成年人要是也贪玩好耍，荒废的则是一生。相对其他工作来说，销售员在工作上享有更多的自由度。很多时候，销售员都在上级监督视线之外工作。上级监督的方式无非是查看工作日志，或者晨会汇报，销售员要想蒙混过关，真是太容易了。但这样下去，最终蒙混了谁呢？只能是自己。业绩上不去，事业永远也起不来！

三、沟通力

没有沟通就没有销售。

销售员需要通过沟通采集客户信息，把握客户真实需求，并将销售的产品与客户的需求建立起紧密联系。同时，销售员还需要通过沟通让客户接受自己，接受产品价格……可以说，沟通贯穿了销售的整个环节。销售员的沟通能力的高低，很大程度上决定了他业绩的高低。

四、观察力

人是理性的动物，其行为大多是有目的、有计划的。

人的心理隐藏于内心深处，如果本人不愿意流露，外人很难把握。但心理总是要通过一些迹象表现出来，也就是所谓的“寓于内必形诸于外”。人的外在行为就是内在心理的表现形式。从现象发现本质，从行为观察心理，是从事销售工作者识人知事的一条重要途径。

五、分析力

分析力与观察力密不可分，观察得到信息，分析得出结论。

三国时期，东吴武陵郡将樊佃诱使附近的外族作乱，州都督请求发兵万人征伐他们。

孙权召问潘浚，潘浚说：“容易对付，5000 人足够了！”

孙权问：“你为什么这样轻视他？”

潘浚答道：“樊佃善于夸夸其谈，实际上并无真才实学。有一次他参加宴会，等了很久酒饭还没上桌，他竟十几次站起身来观望。这件小事足以证明他不过是个饭桶。”

孙权大笑，随即派遣潘浚率兵出征。潘浚果然只用 5000 人便斩了樊佃。

在与客户的谈判当中，销售员也要从对方言谈举止中分析对方的“底牌”和心理。例如价格谈判，销售员需要观察对方说话的神情语调，不断用话语刺探，分析对方的心理底线和能够接受的价格。

六、学习力

要做好销售，需要接触广泛的知识，如营销知识、财务知识、管理知识以及相关行业知识，等等。可以说，销售就是“综合素质”的竞争。面对如此繁多的知识和信息，没有极强的学习能力是难以胜出的。

原一平步入推销界初期，发现自己与高层次客户沟通时，对他们的话一知半解。于是他决定每周六都去图书馆学习。日积月累，他终于能够和高层次的客户侃侃而谈。

虽然说销售的门槛低，但要成为佼佼者，还需要不断地自我充电，自我提升。

销售不同于其他行业，它不要求你出身名门，不要求你有高学历，不要求你有靓丽有型的外表，只要求你有一颗上进的心。在销售中不断地锻炼自己，提升自己，这些宝贵的收获，会让你受用一生。

如果想法改变，态度就会改变；如果态度改变，行为就会改变；如果行为改变，习惯就会改变；如果习惯改变，人格就会改变；如果人格改变，命运就会改变；如果命运改变，人生就会改变。只要决心成功，失败永远不会把我击垮！

——奥格·曼狄诺

态度决定高度，目标决定未来

从车站到码头，从写字楼到公园，到处都是销售员忙碌的身影。他们风雨无阻地行走在路上。

如果你拦下其中一位，问他："你为什么从事销售？"他或许会略加思索后给你一个答案。而你最有可能得到的答案是："这个问题呀，我还真没想过。"

他真的是没有想过么？人做每一件事都是有目的的，只不过他没有察觉到这个问题对自己未来的发展有多重要，因此并没有仔细深入的思考。

销售绝不只是一个解决温饱问题的谋生之技，而是一个可以改变人生命运的平台。人活在这个世界上，最怕的就是对自己认识不清，对现状把握不透，对工作没有一个正确的态度，对未来没有一个清晰的目标。

带销售团队的时候，我经常跟销售员说："态度决定高度，目标决定未来，你的心有多大，舞台就有多大！”如果你从来没有给自己设定过一个超越的目标，从来没有给自己一个端正的态度，那么在销售这个舞台上，你就很难做出出色的成绩。

我认识不少销售新人，就是因为态度不端正，疏于给自己制定目标，最终碌碌无为、一事无成。

小杨大学毕业后进入了某世界五百强企业做销售代表，但小杨却对这份工作缺乏热情，只是把工作当成一种谋生手段。在他看来，只要不违反公司的规章制度，每月完成一些单子，有业绩就可以了。怀着这种混日子的态度，小杨每天都过得浑浑噩噩。

结果也就可想而知，因为目标不明确，态度不端正，虽然小杨在销售行业混了三年，但依然毫无建树，一事无成。而那些与他同一批进公司的同事，有的成了公司骨干，有的成了领导，有的甚至成了他的领导的领导。

没有目标的人生是可怕的，就好像是一艘没有舵手的船，你不知道它会在风雨来临之际漂到哪里。而那些善于给人生制定目标的人，往往能获得巨大的成功，法国著名小说家小仲马就是这方面的典型。

小仲马成名之前，寄给出版社的稿子总是泥牛入海无消息。一次，大仲马告诉他：“下次你在寄稿子时，附言说你是大仲马的儿子，也许情况就会好很多。”

小仲马却固执地说：“不，我不想站在你的肩膀上摘苹果，那样摘来的果实不甜，这也不是我想要追求的目标。”

就这样固执地坚守自己的原则，小仲马从未间断创作，也不断变换笔名给出版社寄稿。最终，小仲马以别名寄出的《茶花女》出版了，并在法国文坛取得了轰动效应，得到了法国文坛的一致好评。

没有任何人的成功是从天而降的，所有的成功都建立在不懈努力的基础上。你可以没有背景，没有权利，没有金钱，没有地位，但你一定不能没有目标和积极向上的态度。对销售员而言，合理的目标和积极的态度，是销售成功和出奇制胜的法宝。有目标，才有奋斗的动力。有积极的态度，才能正确看待销售过程中遇到的问题。

刘德华在《真心英雄》里曾这样唱道："不经风雨，怎么见彩虹，没有人能随随便便成功。"的确，在这个快节奏的时代，每个人都渴望成功，每个人都渴望不凡，每个人都渴望做出一番惊人的业绩。但是每个人必须清楚这一点：如果你对人生没有规划，对未来没有预期，那么你所有的努力和付出，就像是砸到了棉花团一样，无法产生半点效果。

成功的销售员很善于给自己制定宏大的目标，也很善于从目标中汲取前进的动力。对于他们来说，目标就是神奇力量的来源。当他们遇到困难徘徊不前时，总能用目标来激励自己，总能用目标来给自己加油打气。

目标有多大，你的野心就有多大；你的野心有多大，你的成绩就会有多大。不要让微不足道的目标埋没了自己的能力。只要你敢想，你敢做，没有什么是不可能完成的。

斯通在20岁时，独自到美国芝加哥开了一家保险代理公司。当时公司只有他一个人，但他仍然下定决心办好这家公司。

开业的第一天，他就在热闹的北克拉街卖出了54份保险。但斯通并没有满足于这个成绩，而是给自己制定了更高的目标，他要求自己每天都要多售出几份保险。在不断的自我肯定中，他在祖利叶城平均每天的保险成交单数高达70份，其中最高的一天销售了122份。在斯通的努力下，公司的生意渐渐兴旺起来，不仅在芝加哥站住了脚，还在伊利诺伊州的很多地区开设了保险代理分公司。

俗话说得好："说你行，你就行，不行也行。说你不行，就不行，行也不行。"很多时候，行与不行的标准不是别人说了算，而是自己来决定的。当你信心百倍，认为自己能够胜任某项工作，能够完成某个任务的时候，你就会爆发出强大的潜力和巨大的能量；反之，就会为自己找出种种借口，推卸任务，逃避压力。

每个人的潜力都是无穷的，区别只在于有的人善于逼自己一把，把这种潜力给激发出来，有的人却善于逃避，将这种潜力白白浪费了。

如果想要在销售行业有所成就，就要注意：不要害怕目标远大，不要担心你无法完成，好好想想怎么去实现自己的目标吧！只有突破自我，才能改变自己的人生。

我认为，一旦出世为人，就要对自己负责，每天努力地修行。如何使今天的我比昨天的我更进步，更充实，这是自己对人生所负责任中最要紧的。

——原一平

身处逆境别抱怨，最大的原因是你自己

当你感觉付出没有得到应有的回报时，不要抱怨这个世界不公平。问题的根源，往往在于你自己。

你是否审视过自己的工作方式是否正确，在待人接物方面是否值得客户称道？

如果意识不到自己的问题，只是一味地东西奔波，再辛苦也可能是白搭。忙碌之余，静下心来自省一下，好好想想自己身上存在哪些问题。找到问题并解决问题，也许你的命运就会因此而改变。

号称“日本推销之神”的原一平，小时候脾气很暴燥。用他自己的话说：“这种暴烈的脾气就像魔鬼一样纠缠着我，带给我许许多多的烦恼与痛苦，使我受尽了折磨。”后来，他将这种坏脾气转化为“永不服输”的毅力，从而开启了人生的新篇章。

原一平是如何做到的呢？

一天，原一平去一所佛教寺庙拜访。住持听说他在销售保险，并没有拒绝他，而是说“请进来”。原一平非常高兴，以为对方要投保，心中暗暗叫好。进入寺庙后，原一平就向寺庙的住持滔滔不绝地介绍投保的好处。

住持是个老和尚，他听原一平说话时一言不发。

等原一平说完后，住持面无表情说道：“听了你的介绍，丝毫引不起我投保的兴趣。”

原一平完全没想到结果居然是这样。那时候，他还是个血气方刚和不服输的年轻人。住持的这番话气得他要吐血。

他问住持这是为什么？

住持回答：“你知不知道自己是一个什么样的人呢？当你站在别人面前时，你没有吸引对方的魅力。以后如果你做不到这一点，将来就没什么前途可言了。”

刚开始原一平并不了解住持这句话的含义。依照他平时的习惯，听到这番话必定会立刻反击回去。可看着住持慈眉善目的样子，他胸中的那股怒火竟然没有发起来。他冷静地想了想住持的话，只觉得傲气全无，冷汗直流。

住持接着又劝慰他说：“年轻人，先努力改造自己吧！”

“改造自己？”

“是的。要改造自己，首先必须认清自己。赤裸裸地注视自己，毫无保留地彻底反省，然后才能认识自己。”

此时，原一平把投保的事忘得一干二净，诚恳地请教道：“请问我要怎么去做呢？”

“去请教别人吧！”

“如何请教呢？”

“你手头上有多少投保的客户？就从这些投保客户开始，诚恳地去请教他们，请他们协助你认识自己。”

这位住持的一席话，如禅宗里的“当头棒喝”，让原一平开悟了。

这件事让原一平懂得，在说服客户前，先要睁大双眼反省自己，看看自己是否具备让客户喜欢和信任的魅力。如果自己不具备，那么该如何改变？总之，他开始了深入持久的自我反省。

离开寺庙之后，原一平首先策划了一场“原一平批评会”。他拜访了几个关系较好的投保客户，诚恳地说：“我才疏学浅，又没有上过大学，因此连如何反省都不会，所以我决定召开原一平批评会，恳请您抽空参加，对我的缺点加以指正。”大家觉得这种会议很有意思，就痛快地答应了，并在会上畅所欲言，直陈原一平身上存在的缺点：

——你的个性太急躁了，常常沉不住气。

——你的脾气太坏，而且粗心大意。

——你太固执，常常自以为是。

——对于别人的托付，你不知道拒绝。

——你面对的是各色各样的人，知识不够丰富。

……

以上这些批评，从原一平的性格到工作方式等，客户都毫不留情地给予了严厉的责备。这一切让原一平感到无地自容，他从来没有想到过自己居然有这么多缺点。如今赤裸裸地站在大家面前，让他无地自容。可是他明白只有责骂与批评，才能督促自己进步，因此他把这些逆耳忠言一一记下，之后细细咀嚼。

通过不断召开“批评会”，原一平感觉自己就像一条蚕一样在“蜕变”。每一次的“批评会”，他都有被剥一层皮的感觉。通过连续多年、一年 12 次的批评会，他把身上的劣根性一层层地剥了下来。随着劣根性的消减，他逐步地成长和成熟起来，销售业绩也随之直线上升。

除了请别人批评自己，原一平还学会了自我反省。下面这些都是他自省的内容：

今天我做了哪些事，说了哪些话，哪些是对的，而且是对成交有帮助的？

今天我做了哪些事，说了哪些话，哪些是错的，而且是对成交有害的？

今天有没有因为疏忽而犯了自己不应该犯的错误？

今天做的哪些事，说的哪些话，证明自己比以前进步了？

……

经过这样不断的反思，原一平找出不少自身的问题，当然也发现了许多成功之处。对于负面问题，他努力改正；对于正面经验，他都毫无保留地加以推广运用。没有多长时间，原一平就从那个目中无人、狂妄自大的小太保，变成了懂得谦虚、谦让，且彬彬有礼的人，深受大家的欢迎。

原一平说："我认为，一旦出世为人，就要对自己负责，每天努力地修行。如何使今天的我比昨天的我更进步，更充实，这是自己对人生所负责任中最要紧的。"

从原一平的成功经验中，每个销售员都可以得到这样的启示，那就是要想成功，必须认识自己，战胜自己。一个人身上的缺点，就像脸上的污渍一样，自己很难知道。唯有通过别人告知，或者时时照镜子（自省），才可以发觉脸上的污渍并清洗掉。

每一个希望对自己人生负责的销售员，都不要忘记将自我反思作为一种习惯。每天工作结束后，要花一些时间对自己的工作加以评析，自我反省一下。甚至每周、每月、每季度还应该纵向、横向地比较和分析。只有这样，才能发现自己的不足，改正身上的缺点，让自己的推销之路越来越顺利，让自己的人生之路走得更坚定，更精彩。

认识自己，战胜自己，这样才不会让碌碌无为的命运相伴一生。

我的幻想毫无价值，我的计划渺如尘埃，我的目标不可能达到。一切的一切毫无意义——除非我们现在就付诸行动。立刻行动！

——奥格·曼狄诺

不管处于何种境地，都要立即行动

我读过的书很多，一些作者的名字因为时间久远就淡忘了。但是有一个作者我很难忘记，他就是上个世纪 50 年代的美国青年——奥格·曼狄诺。

这位年轻人当初只用了四个字——“马上行动”，一口气儿写出了 14 本畅销书。这 14 本畅销书以 18 种语言在全世界广泛传播，在全球销量超过 3000 万册。他成了这个星球上以成功励志题材为写作方向，最有成就的畅销书作家。

他的口号就是：“不管处于何种境地，都要立即行动！”

在书中，他这样写道：

“我的幻想毫无价值，我的计划渺如尘埃，我的目标不可能达到。一切的一切毫无意义——除非我们现在就付诸行动。立刻行动！”

这一系列的书深深地震撼了我，迫使青年时代的我马不停蹄地立刻行动起来。

那时候，我还崇拜一个另一个人物，他就是霍普金斯。他有什么不凡的业绩呢？他靠什么成功的呢？我们来看一下吧。

霍普金斯是当今世界顶尖的销售训练大师，在全球，超过500万人听过他的课。他是销售界迄今为止吉尼斯世界记录保持者，是一年内销售房屋最多的地产销售员，平均每天卖出一套房子。

在踏入销售界之前，他曾是穷困落魄的青年。自从从事销售职业后，他的命运就发生了根本性的变化。霍普金斯当年参加的那个销售训练营让他受益一生。之后，霍普金斯广泛学习心理学、市场学、公关学等各种知识，并成功地运用到销售实战中，取得了令世人惊愕的伟大成就——三年内赚了三千多万美元。

霍普金斯在事业上如日中天，自然吸引了大批的仰慕者。有人问霍普金斯："你靠什么达到了这一步？你与众人不同，秘诀是什么？"

霍普金斯平静地说："和你们所有人一样，我遇到挫折是家常便饭。不过在这个时候，我和你们不同的是，此时我只有一个信念——马上行动。成功者永远不会放弃，放弃者永远不会成功！看到没有？这就是不同的地方。"

霍普金斯进一步说："斗争，斗争，斗争到底。霍普金斯不是为了失败才来到这个世界上的，上帝也左右不了我的命运。一切都是选择的结果。要么选择坚持，直到成功；要么选择放弃，然后躲到一边抱怨。你知道吗？我相信自己，我相信自己就是一头狮子，在我的字典里没有'办不成'、'行不通'、'放弃'这些字眼。"

对于马上行动，他有一段经典的话语：

"我只有坚持，才有成功的可能。每一次销售失败，都是一种小小的成功，因为这种失败增加了我下一次销售成功的几率。因此我无话可说，只有马上行动！客户的每一次拒绝，都不是拒绝，都具有意义。因为每一次拒绝，都让我离成交更近了一步。因此我无话可说，只有立即行动。我的客户，他们每一次皱眉，都是下一次微笑的先声；我每一次不顺利的销售行动，都是明天的希望所在。

“马上行动，马上行动，坚持到底！昨天的成功，我不能满足——因为这可能是失败的前兆。在信心的支撑下，我每天面对新的太阳。只要我一息尚存，我就要斗争到底。成功的秘诀就是——坚持到底，立即行动，永不放弃，一定成功！”

为了实践“立即行动”的成功法则，霍普金斯每天至少默念60遍：决不放弃！马上行动！马上行动！马上行动！决不放弃！

重复，重复，再重复。马上行动已经成了他的习惯，也成了他的本能。没有人监督，没有人提醒，他会自发自动地马上行动。

早上一睁开眼，他的第一句话便是：马上行动！这样能免除贪睡的念头盘旋在脑海。

当他出门销售时，他的第一句话是：马上行动！这样免得“被客户拒绝的恐惧感”冲进大脑。

当他站在客户大门口时，他的第一句话是：马上行动！这样免得自卑心理瓦解斗志。

……

27岁那一年，霍普金斯成了美国年轻的千万富翁。

马上行动，说起来简单，为什么许多人做不到呢？因此他建立了一个国际销售培训集团。同时他还要出席分布全球的销售研讨会，向全世界怀揣梦想的人们传授销售知识。

霍普金斯说：“许多搞销售培训的，大都没有干过销售，这是一件可怕的事情。只有成功者才能教会人们成功，只有依靠行动成功的人，他们的成功才能让人们看得到。我曾连续8年是美国楼市销售第一名，开着劳斯莱斯周游世界，我相信我的销售课程是最有效的。但是我的课程也是最简单的，没有任何虚幻的东西，主题就是：马上行动！”

霍普金斯，一个马上行动的实践家，他不断地以自己的行动证明，马上行动有多么大的能量。尤其是在销售这个领域，想到就要做到，马上行动起来，高效销售就会变成可能。马上行动，使霍普金斯驱走了懒惰，战胜了恐惧，消除了自卑，坚定了信心，在27岁就荣登千万富翁的宝座。原来奇迹就是这么创造的！

马上行动，道理很简单，可要做起来，对很多人来说比登天还难。如何克服畏难情绪，养成马上行动的习惯呢？首先应该从下面几点调整观念。

一、事情是做完美的，不是想完美的

许多人总是说："等条件具备了，我就开始去做。"

条件是在行动中创造的，是在行动中逐步"具备"的。没有行动，就永远没有条件。

特别是销售工作，一开始条件都是不成熟的，只有先行动起来，才能创造条件，不致于错过机会。

二、没有行动，一切思想等于空想

行动大于思想。一个没有付诸行动的想法，无论想得多么"完美"，都不可能是真正的完美。只有在行动中才能检验这个想法是不是真正"完美"。只有实干，才能在行动中完善自己的想法，才能检验自己的想法是否正确。

三、马上行动，才能战胜恐惧

公开讲演，那些专业的演讲家在事前也进行过大量的演练，其中一个目的就是战胜恐惧。马上行动，这是战胜恐惧的最好方法。一旦行动起来，你就忘记了恐惧；一旦行动起来，你就会在行动中得到自信，从而战胜恐惧。

当你在进行陌生拜访时，不妨告诉自己：马上行动！

四、把自己的注意力放在今天的工作上

把注意力集中在你目前要做的事情上。昨天已经过去，明天还没有到来。只有马上行动，抓住今天的每一分钟，才具有真正的现实意义。

马上行动，就能抓住当下的每一分钟，最大限度地去创造价值。

记住，离开现在，一切都是空的。

五、用行动培养立即行动的习惯

行为学家认为：一件事只要坚持21天，就能形成习惯。学习霍普金斯，每天大声告诉自己："马上行动，立即行动!"通过这种简单的重复，让马上行动变成自己的一种习惯，甚至成为一种本能。

比尔·盖茨告诉青年们说："想做的事情，立刻去做。无论什么事情，只要你马上行动，那么你就成功了一半。"

马上行动，你的美好想法才能得到实现；马上行动，你的计划才能落到实处；马上行动，你才能把握住人生中那一个个大大小小的机会；马上行动，你才能让青春年华获得丰厚收益；马上行动，才能让你的梦想成为现实。

马上行动，你的销售业绩才会倍增。犹豫和等待，只会招致一个又一个失败。客户不是等来的，而是你用行动召唤来的。

马上行动，才能创造高效的销售奇迹!

第二章

金牌销售员的七大素质

怎么制作销售计划？

如何把自己销售出去？

怎样从对手那里抢单？

传说中的金牌销售员到底是一副什么模样？

是年轻、敏捷，有一头浓密的乌发，穿着极其考究的年轻帅哥？还是开着豪车，和客户流连歌台舞榭的中年秃顶男？

是在客户面前口若悬河，忽悠得对方六神无主签下订单之后还感恩戴德的精明人士？还是那个说句“我舅是XX”，就能拿回巨额大单的潇洒人士？

这些都不是金牌销售员必备的素质。金牌销售员更像是一个巨星级艺术家，在进行艺术创作与表演，登台之前，事无巨细地做好全盘的计划，登台后按部就班地演出，直至谢幕。无论在演出中出现什么意外，他们都能以轻松自若的姿态从容化解。

销售的门槛虽低，但要做好并不容易。大浪淘沙，要成为沙里的金子——金牌销售员，必须具备七大素质：凡事主动出击，善于制定计划，善于推销自己，精于读心，敢于虎口夺食，不找借口，具备高超的学习能力。

销售，是销售人员与客户之间心与心的互动。

——王永庆

销售不主动，前途很被动

销售是干什么的？

每个人都会回答："卖东西的。"

"如果我们天天在家里睡大觉，客户会不会跑到我们家门口，主动叫醒我们，要我们马上签单？这种机会有没有？"

"没有！要是有这样的好事，公司还要我们销售员干啥？直接雇一批开单员就行了。"

是的，销售员的工作就是跑出去开发客户。

你不主动寻找客户，订单不会主动找上你。金牌销售员都是积极主动，不用催促就主动出发的人。

有经验的销售员都知道，很少有一次谈成一笔业务的。

约见客户，客户会说："正忙着哩，等事情办完了我再给你电话吧。"

第一次与客户交谈后，客户会说："你回去吧，我这一段时间还有其他事，等我有时间考虑考虑。"

本来客户已经答应购买了，只是款项迟迟没有打过来……

针对以上这些情况，一般的销售员都是如何应对的呢？

当对方说“正忙，忙完了给你打电话过去”时，他们会说：“好吧，我等你电话好了。”

当对方说“有时间考虑考虑”时，他们会说：“好吧，你考虑一下，等你考虑好了，别忘记给我打电话。”

当客户说“我抽空给你把款打过去”时，他们通常会说：“可以的，你打过来了通知我一声就是了。”

以上这些做法，都是平庸销售员在被动应对，金牌销售员从来都不会这样。金牌销售员会主动积极地寻找潜在客户，会主动打电话约见准客户。他们会主动地向客户介绍自己的产品，主动打电话催问考虑得如何了，款子打过来没有……

正是因为这样，他们才能够赢得“金牌销售员”的桂冠。如果一味地“守株待兔”，等着人家主动购买产品，等着人家主动打款……这样只能“饿死”自己。

机会有没有，就看你有没有主动出击。只要主动出击，你就会有机会。

下面讲一则求职故事，故事的主人公是一个小伙子，他靠主动出击，在我们公司找到了一份工作、一份事业。

> 这个小伙子是农村来的，家里特别穷。第一次来我们公司时，说想要在我们公司从事销售工作。由于他没有什么销售经验，也没有接触过销售工作，加上从气质到长相都不怎么样，公司领导都不愿意要他。
>
> 他第一次找到我的时候，只是简单地说了一下情况。因为其他人不要，我也不好再说什么，只好随便说：“等几天再看看吧。”
>
> 他第二次找我的时候，我都快忘记这件事了。当时我只是敷衍他，给他一个台阶下，不想伤他的面子。没想到，他居然这么主动，也这么认真：“您上次不是说让我等几天看吗？我又来了，看我还有没有机会。”
>
> 他当真了。我没有办法，于是认真地考虑他的问题。
>
> 我发现，他这人有个特点：由于家里穷，他急于改变家里的条件，

改变自己的境况，身上有一股强烈的闯劲与冲劲。

他对我说：“您给我一个机会，我必还您一个惊喜。”

于是，我就这事儿专门找上面几个领导说了一番情。我说：“我们不能光看外在表象，要看潜在能力。他有强烈的闯劲与冲劲，急于改变现状，主动性强，我认为应该给他一个机会。”

话都说到了这个份儿上了，领导们也就不好再拒绝他，就这样把他招聘进了公司。

这个小伙子就是我们所说的做事主动的人。这个人现在还在我们公司，早已经从销售冠军升任为销售经理了。

这个小伙子当初要不是主动地找到我们公司，在公司拒绝他之后又再次主动找到我，他就不会有今天。我读过松下幸之助写的一本回忆录，他在书中说：“机会，总是留给那些积极主动的人。如果一个人没有这方面的品质，即使具有高深的知识和足以炫耀的学历，都是没有用的。尤其在销售行业，更是如此。”

做销售，要非常积极主动地寻找潜在客户，随时随地与他人交流。也许刚开始这个人不会购买我们的产品，但是一个月后，两个月后呢，一年、两年后呢，他们就有可能成为我们的客户，给我们带来订单。

在公司内部培训的时候，我经常和销售员分享下面这个案例，它是关于台湾首富王永庆主动出击的故事。

16 岁那年，王永庆借钱开了一家米店。

刚开店，没有顾客，加上手里本钱又少，店开在了偏僻的街道，生意一度非常困难。但是王永庆并没有闲着，他走上大街，逢人便说：“现在的米里，都掺有杂质，很不干净。我开了个米店，把米拣得非常干净，直接可以下锅。”见一个说一个，见两个说两个。就这样，顾客慢慢上门来了。顾客到店里一看，果真如王永庆说的那样，米真的非常干净，他没有说假话。这样一来，王永庆的店铺虽然地方偏僻，但生意终于有了转机。

王永庆做的还不止这些。人家来买米了，王永庆会主动上去说话聊天，问人家几口人，这袋大米大致能吃多少天……估计顾客的米快吃完了，王永庆就会主动打电话询问，然后扛着米袋子送货上家门，让人家非常感动。他一到了人家家里就忙个不停，给人家洗米缸，把缸里的陈米翻到新米上面……

没多久，王永庆的米店生意越来越红火。就是这家米店，他赚得了人生第一桶金。

对于主动的理解，我和一般人的理解是不一样的。

什么是主动？一般人的理解仅仅是，“别人没有告诉你，你就去做了”。其实，这种“主动”还是低层次的。高层次的主动，指的是“别人没有告诉你，你却做了恰当的事情”。

就像王永庆，他的主动不只是表现在到大街上逢人就夸自己家的米好，以吸引人家上门。更重要的是，他能够主动地多做一点，而且做得有创意——计算人家一天吃多少米，多少天吃完，然后扛着米袋跑到人家家里——这个主动确实非常有创意。更值得一提的是，到了人家家里后，他还给人家洗米缸，甚至细心到将米缸里的陈米翻上来。这真是一种让人感动的主动。

主动，是一个优秀销售员的品格。我给“主动”下的定义就是，不等别人说就去做，而且做得比一般人好。

销售是从拒绝开始的，在客户的不断拒绝中赢得认可。你要想在拒绝中得到客户的认可，就必须做出“与众不同”的主动行为来。主动得与众不同，才能让客户记在心上。

任何时候，你在心理上、行动上都要处于一种主动状态，主动地多想、多做，并做得更好，那么客户就会被你的主动与热情所吸引和折服。

昨晚多几分钟的准备，今天少几小时的麻烦。

——李嘉诚

做好计划，让时间发挥最大效用

在销售界，有一个“销售分钟理论”：销售人员的收入，百分之百地来源于他们和客户面对面接触的每一分钟。换句话说，销售人员的时间就是金钱。

可为什么同样一天二十四小时，会有不一样的销售业绩？

除了销售员的人脉资源、销售能力有差异之外，时间管理意识与能力也是重要原因之一。

科学的时间管理，能让自己的工作时间安排得有条有理。同样的工作时间，可以做更多的事情。

做工作计划是时间管理的基本要求。你每天的工作会在事先做计划吗？你每天完成的是计划中的工作，还是随想随做？

有些销售员做事无计划，东一榔头，西一棒槌。刚说好要出门拜访客户，又匆忙想起要给另一个客户打电话。一个电话打了半天，结果连拜访客户的事情也泡汤了。一天下来，他们发现，本来应该做的事情却没有时间去做，或者没有做好，反倒是一些不太重要的琐事占去了自己很多时间。这就是没有计划性的表现，长远来讲，这是无法提高工作效率的。

销售工作千头万绪，对销售员的时间管理能力要求很高。会不会利用时间，会不会管理时间，首先要看能不能制定出完善合理的工作计划。既然是计划，就要预先谋划。哪怕在头天晚上花几分钟对第二天要做的工作稍作计划，都有利于提高工作效率。香港第一富商李嘉诚曾经说过："昨晚多做几分钟的准备，今天就会少几小时的麻烦。"这是他的经验之谈。

销售是以行动为导向的工作，没有效率的行动，必定得不到丰厚的收获。而有效率的行动，要依靠制订计划来监督与保障。明天应该拜访哪些人，这些处在不同位置的人，该怎么设计拜访路线最省时间……诸如此类的问题，你都应该在当天晚上计划好。

上帝是公平的，不管是谁，一天只有24小时。在这一天中，你可以过得很从容，也可以把自己弄得疲乱不堪。要想从容应对繁忙的销售工作，就要做好计划，最好是书面计划，这样才不至于有挂一漏万的事情发生。

一般来说，计划有长短之分。销售计划有年计划、月计划、周计划、日计划。相对来说，年计划、月计划、周计划概括一些，日计划则要落实到具体的时间、对象和路线等。就销售访问来说，日计划其实就是一张行程表。

计划应包括什么内容，应该怎样制订计划呢？还是来看一下实例吧。

销售员罗大勇服务于某外资公司，该公司主要以寻找便利店进行巡回销售业务为主。

罗大勇每月均在月初将一个月的行动计划列入计划表，以客户采购金额、占有率为依据，先计划好对每个客户每月访问的次数，然后制成计划表。值得说明的是，他并非机械地制作计划表，而是综合了各种信息。如上个月与其他公司的竞争状况，商谈的进展、客户店面信息（店铺改装、周年促销）等因素，然后再依照客户的实际情况，合理恰当地分配访问日期。

制作月行动计划表需要花费时间和心思，但金牌销售员都非常重视这项工作。理由是，每月行动计划表是达成每月销售额的必要程序。当然，每月行动计划表的内容只是较粗略地描绘何时（何日）、到何处（客户处）等事项，其实只是一张工作“草图”，执行中发生偏差是无法避免的事。

因为月行动计划表太过粗略，周行动计划表就有必要出场了。罗大勇的公司规定每周的计划行动表，都要在每星期六做好，以使每月行动计划表更具体；同时，对月计划中发生的偏差加以调整。这样一来，由整个月来看，每月计划行动的偏差经过调整后，各客户的访问预定日期虽有变化，但各客户每月的访问次数大致上仍可依照当初月计划表进行。

周计划表一般包括 5 个 W 和 2 个 H：When（何时）；Where（与客户洽谈的地点，如客户办公室、分支机构）；What（销售商品、探听情报）；Who（预定面谈的客户）；Why（访问目的，即商谈、收集情报、提出报价单）；How（如何销售，如何设定销售要点）；How much（订购预定额、订单数量）。

至于日行动计划表，其制作方法与周行动计划表相似，只是更加具体、更加细化而已。

罗大勇用以上的方法，依次做出每月、每周、每日的行动计划，每次都使内容修正得更具体，更实际，从而使不当的访问活动造成的随意、浪费、多余、勉强等情形显著减少，使销售行动更有效率。

制定周密的计划，是迈向金牌销售员成功的重要台阶之一。一般来说，销售计划，尤其是较为具体的日计划，要遵循以下原则来制定和执行。

一、具体化

把每日应做的事项列成一览表，依事件的重要程度决定顺序，依次排列，逐日填写。

二、合并同类项

将当日的行动依序先后排列。顺序取决于事项的重要性，亦即把必须先做的事情放在前面，而不是以难易程度作标准。此外也要考虑类似性，将相似的事项合并在一起处理。

三、预案提前准备

销售过程中会遇到何种阻力、意外？提前分析，并做好应对之策。

四、不拘泥于工作计划

销售计划只是大致的准则，并非绝对的原则。尤其是以人为工作对象时，对方随时会发生必须调整的突发状况，这时你的计划必然会被打乱。但不要紧，在月计划与周计划的范畴内，这种乱是有序的。

除按计划行事之外，零散时间也是销售员应该有效利用的。鲁迅先生曾经说过："时间就像海绵里的水，只要愿意挤，总还是有的。"

如果是乘车拜访客户，是不是可以利用车上这段时间做点什么？熟悉一下客户资料，设计一下应对方法，或者看点书，都可以。原一平就曾利用乘车的时间，苦练了 38 种微笑。

美国著名作家杰克·伦敦在睡觉前，会默念贴在床头的小纸条。第二天早晨，一觉醒来，他一边穿衣，一边读墙上的小纸条。刮脸时，镜子边贴的小纸条为他提供了方便。不仅在家里是这样，外出的时候，杰克·伦敦也不轻易放过闲暇的一分一秒。出门时他会把小纸条装在衣袋里，随时掏出来看看，想一想。

如果销售员想让自己的人生像原一平那样出现翻天覆地的变化，不妨学习他利用空闲时间提高自己的方法。比如，用午餐时间与客户约会，每年可以多赢得 1 个月时间。每天利用路上的时间学习，一年至少多赢得 600 小时（75 天）的学习时间。等公共汽车时有近 10 分钟的空当时间，可以想一想自己的开场白，对自己下一步的工作做一个安排。

总之，哪怕把空闲的时间抽出一小部分来，积少成多，收益也是很可观的。最终你会发现，销售工作可以从容不迫地进行，人生也得到了丰富和提高。

推销的要点不是推销商品，而是推销自己。

——乔·吉拉德

销售的要点：首先销售你自己

日常生活中，你可能会有这样的体验：走进一家大型商场，想要买一些东西，当你看中了某个商品想要询价时，销售员却表情冷淡、爱搭不理。这时你即便心里非常喜欢这件商品，购买的意愿也会大受影响，甚至拒绝购买。相反，如果你随意逛到某个柜台，看到销售员彬彬有礼，态度真诚，服务热情，你就会对这个销售员产生好感，并且很可能因此而抱回一堆计划外的采购商品。

由此可以得出这样一个结论："销售的要点在于，你不是在销售商品，而是在销售你自己。"

销售员、客户和商品，构成了销售活动的三要素。客户要购买商品，需要从销售员那里了解情况，使得客户得到更多关于商品的信息，从而做出买还是不买的决定。在这里，销售员就是连接客户和商品的纽带。

客户的最终目标虽然是商品，但他最先接触的却是销售员。正是因为这样，销售员的态度和服务就成了影响交易成败的首要因素。销售不同于其他行业，其本质上是销售员与客户之间的一种交往活动。在这个过程中，销售员只有让客户对自己产生好感，信任自己，才有可能让客户接受其所销售的产品。

很多成功的销售员都深谙此道，他们在销售产品的时候，首先想到的就是让客户先接受自己，信任自己，为今后顺利开展销售工作创造条件。

在美国“超级销售大王”法兰克·贝德佳的职业生涯中，就发生了这样一个广为流传的小故事：

贝德佳从一个朋友那里得知，纽约一位名叫布斯的制造商向银行申请了25万美元的贷款，但银行却给他开出了这样一个条件：必须投保同等数额的人身保险。很显然，对贝佳德来讲，这是一条很有价值的信息。为了让布斯购买自己销售的人身保险，贝佳德做了充分的准备：先是打电话与布斯先生约定第二天上午10：45见面，接着打电话给纽约最好的健康咨询中心，帮助布斯先生预约第二天11：30进行健康检查。

第二天，贝佳德准时出现在布斯的办公室。一开始，布斯摆出了一副不合作的态度，并说：“贝德佳先生，今天麻烦你跑来我的办公室一趟，我觉得非常不好意思，但恐怕今天你是不会有收获了。”

布斯指着办公桌上一沓保险计划书和申请书说：“你瞧，纽约好多大的保险公司都给我递了保险资料以及计划书，我已经打算在纽约三大保险公司中选择一家进行投保。当然，如果你还想介绍一下贵公司的服务，请留下你的保险计划书……”

听完布斯的话，贝德佳沉着地说：“布斯先生，如果您是我的兄弟，我一定会坦白告诉您一些话。”贝德佳态度真诚，语气恳切，这也是他最常对客户说的一句话。

“哦？是什么话？”贝德佳这句话勾起了布斯强烈的好奇心。

贝德佳趁机阐述自己的观点：“我做保险这么多年，对保险行业可以说是非常熟悉。如果您是我的兄弟，我一定会建议你把这些计划书全都扔到废纸篓里去。”

布斯大感诧异：“此话怎讲？”

贝德佳回答道：“布斯先生，为了帮助您做出最好的选择，您可不可以先回答这样几个问题呢?”

“请说。”布斯的交流欲望被勾了起来。

“据我了解，贵公司打算贷款25万美元拓展业务，但贷方同时希望您能投保同等数额的人身保险，对不对?”

“是的。”

“这也就是说，只要您还健在，债权人便会对您的公司充满信心，但一旦您出现意外，他们就无法信任您的公司可以继续运行下去，是吗?”

“可以这么理解。”

“所以您需要立刻投保，把债券人所担心的风险转嫁给保险公司，这对您来说是刻不容缓的事情。因为如果您的生命没有附上保险，银行可能就会因为担心你的安危而减少贷款金额，或者直接拒绝贷款，您说对不对?”

“有这个可能。”

“所以您要尽快获得保证自己健康的契约，这个契约对您来说就是25万美元的资金。”

布斯显然被贝德佳的话击中了要害。沉默了一会儿，他问：“那你有什么建议呢?”

“布斯先生，我已经为您安排了一件别人做不到的事情，今天早上我已替您预约好了11：30去见全纽约最好的医疗检查师，他的检验报告得到全国保险公司的信任。他可以说是您获得健康契约的最佳人选。”听完贝德佳的话，布斯犹豫了一会儿，开始动摇了。

这时，贝德佳故意低头看了看手表：“现在是11：10，如果我们现在出发，就可以在约定时间到达诊所。当然，如果您的检查结果都很正常，就能在48小时内签订保险契约。布斯先生，您今天的气色看起来相当不错。”

布斯沉思了一会儿，便从衣帽架上取下帽子，对贝佳德说：“好，让我们出发吧!”

如果贝德佳没有一步步和客户建立信任关系，布斯会在短短的会面中答应和贝德佳一起去进行医疗检查吗？恐怕是不能的。正是因为贝德佳善于销售自己，主动去给客户充当参谋，为客户提供有益的服务，才让客户对他产生信任和信心，有兴趣听他继续说下去，为达成交易创造了重要的前提条件。

当然，影响客户购买的因素有很多，例如商品的品牌和质量。但这些是销售员所不能掌握、难以改变的，况且也不见得是客户优先考虑的因素。大多数时候，客户接受产品是从接受销售员开始的。关于这一点，曾有研究人员做过一项市场调查问卷。调查发现，约有70%的客户之所以会从某位销售员那里购买商品，是因为销售员的服务态度好，为人诚恳热情，客户喜欢他，信任他。

这表明，一旦客户对销售员抱有好感，并对其表示接受和信赖，就会自然而然地接受他推荐的产品。反之，如果客户不接受某位销售员，那么这位销售员销售的产品再好，也很难吸引客户。

因此，我们说：在销售行业里，最好的产品就是你自己。销售员的个人品质会让客户产生不同程度的心理反应，这种潜在的反应会直接影响销售结果。所以作为销售员应该不断提升自我素质，让自己变得更具亲和力，让客户喜欢你，信任你，接受你。

只有当你能够轻松地把自己“销售”给客户的时候，你的销售工作才会变得更加简单和顺利。

要想获得真正的成功，必须用心理学的缜密思维来代替你死我活的销售恶圈。销售就是一场心理博弈战，只有读懂客户内心的人才能立于不败之地。

——特德·莱维特

抓住客户需求才能赢

为什么客户会作出购买产品的决定？在这个过程中，客户的内心是怎么想的？

如果你想钓到鱼，就得像鱼那样思考，而不是像渔夫那样思考。销售是心理博弈战，制胜之道在于心理操纵。

销售工作是一场心理较量。销售员不仅要洞察客户的心理，了解客户的愿望，还要掌握灵活的心理应对方式，进入一个“知己知彼，百战不殆”的销售境界。

举个例子来说，一位客户，前不久他的爸爸因为驾车速度太快，突发意外刹不住车，出车祸死了。你这时向他销售汽车，如果一味强调你销售的汽车跑得多么快，对方肯定极为反感。反过来，如果你强调这辆汽车安全性很高，就很容易打动客户的心。因为对于这个客户来说，“快”对于他没有价值，“安全”对于他才是有价值的。

一名销售员要想完成交易，必须有办法抓住客户的真实需求。要抓住需求，先得探寻客户需求。那么，如何探求客户的需求呢？这就要求了解到客户真正想要的是什么。这就是我们所说的价值观。

在解释“价值观”之前，先来读一下这则小故事。

一名美国商人想把自己的渔船卖出去，便来到了海边的一个码头上。

在海边的码头边，一位老渔夫正躺在沙滩上晒太阳。旁边有一条小船，里面有几条鱼活蹦乱跳的。商人看到这种情景，就问渔夫：“才抓这么几条鱼，就开始休息了？你为什么不多抓几条呢？”

“这些鱼足够我一家人吃一天了。”

“那你剩余的时间干什么呢？”

“每天睡到自然醒，出海抓几条鱼，晒会儿太阳，然后回去跟孩子们玩，和老婆一块睡个午觉，黄昏时再找几个渔民一块儿喝酒。一边喝酒，一边唱歌。”

美国商人对此很不以为然，认为自己能够帮助渔夫改变现状，便说：“你可以从我手里买几条大船，多花些时间打渔，然后把鱼卖掉，再买我的船，然后可以组建一支船队。你自己再开一家罐头工厂，从选材，到生产，到销售，你全流程控制。钱挣得多了，你就可以搬到洛杉矶、纽约……到这些大城市里继续拓展你的事业……”

渔夫打断他的话说：“这得花多长时间呀？”

“15到25年吧。”

“之后又该如何？”

“你可以让你的股票上市，然后你就可以几个亿几个亿地赚钱。”

“赚了钱后又能怎么样呢？”

“有了钱，你可以退居二线，搬到渔村来住，每天睡到自然醒，有兴趣的话就出海抓几条鱼，或者晒会儿太阳，然后回家去跟孩子们玩，和老婆一块睡个午觉，黄昏时找几个渔民一块喝酒。一边喝酒，一边唱歌。”

渔夫不屑地说：“你说的未来，这不正是我现在所拥有的吗？”

结果谈不下去了，商人销售渔船的事儿也黄了。

大家看到没有？美国商人讲的“船队”与“股票上市”这些东西，不是老渔夫追求的。在老渔夫眼里，它们一钱不值。销售产品，实际上是在销售一种价值观。商人销售的价值观，并不是渔夫想要的，所以他们无法达成交易。

价值观就是一个人的过滤器，它决定你想要什么，不想要什么；什么对你来说是有价值的，什么对你来说是没有意义的。从这里可以看出，离开了价值观来谈客户需求，实际上是舍本逐末。

很多时候，销售员之所以卖不出去东西，就是因为没有了解客户的购买价值观，因而把握不住客户购买产品的侧重点。

假如你经营一家服装店，看到三个姑娘来店里购买衣服，你会发现她们挑选衣服的重点是不一样的。一个可能注重款式，一个可能注重色彩，还有一个可能注重价格。

很显然，对最看重款式的，如果你只对她强调你的服装店这几天优惠打折，这对她来说并没有多大的吸引力。

仔细观察和聆听，找准对方购买的“侧重点”——购买价值观，才能找到客户的需求，接下来才能顺利成交。这里给大家推荐一个快速把握客户价值观的方法，以卖房子为例吧。

有人要买房子，从房子的价位、地段到楼层等各方面，他们都会仔细考虑。那么，问题来了：这么多的要素，他们优先考虑的是什么呢，哪一个轻，哪一个重？

如果你是一名售楼员，你见到客户上去就说：“我们的楼盘有八大优势，现在请听我介绍，第一是地段，第二是……”这么销售就不对了，为什么？你把地段排在第一位，但是客户不一定把地段排在第一位，可能排在了第六或者第七位。如果不了解这一点，一个劲儿地讲下去，客户很可能要睡着了。

如果你这样说：“先生，感谢您的到来。在来我们这里之前，我们周边的楼盘可能你都看过了。在您看过的房子中，有哪些是您比较满意的呢？”

你这样一说，既代表了你中立客观的立场，又能够一下子激发客户对你的信任。从客户的回答之中，你就可以初步把握客户考量房屋的侧重点。

如果你还想进一步了解，甚至可以直接问："我想了解一下您购买房屋的标准，看看我们的楼盘是否有满足您的标准的。如果没有呢，我也可以推荐其他一些更适合你的楼盘。你看这样可以吗？"

你要巧妙地提出问题，让客户来回答，让他多说话，这样就可以把客户的购买价值观了解得一清二楚。反过来，如果你一个劲儿地推介自己楼盘的优势，那是无的放矢，做无用功。

没有猎物我们就去寻找猎物，发现猎物我们就去追逐猎物。寻找、发现、追求、获得——这就是狼的生活要素。

——《狼图腾》

以狼为榜样，敢于虎口夺食

对于大多数行业来说，一个残酷的现实是：市场这块蛋糕就这么大，别人切得多了，你就得少切些。如果你不知道抢占先机，就只能眼睁睁地看着别人把蛋糕拿走。木已经成舟，再痛哭流涕也于事无补。

更让人沮丧的是：大多数销售员所在的公司都不是超级企业，所要面对的对手都是如虎一样的大公司。面对这种处境，就要求销售员要有狼一样的狠劲，敢于且善于虎口夺食。

众所周知，华为公司老总任正非极为推崇“狼性”文化。他认为狼是企业员工学习的榜样，“狼性”永远不会过时。华为进军美国，就是一场经典的“虎口夺食”之战。当年华为刚一进入美国市场，在数据通信领域处于绝对领导地位的思科公司就开始阻击。通过与思科白热化的缠斗，华为才在美国站住脚跟，并发展壮大。“华为公司发展的历史，其实就是一部不断从虎口夺食的历史，华为公司面对的是老虎，所以每时每刻都不能懈怠。”一名华为内部员工说。

时代不同了，生存环境变成一个角逐的战场，要想销售成功，就得有

“狼性”，敢于争抢。只要不违法背德，就要拼命地往前挤，挤到别人的前面去，你才有更多的机会。

如果你不拼命地往前挤，没有争抢意识，那么你的优点和能力就没有人知道。在销售领域，一切都靠结果和业绩证明自己。如果你不争不抢，你的“生存空间”就会被别人抢占，你只能自己生闷气、吃闷亏。

如何做一头销售业界的“狼”？通过多年的销售实战和市场研究，我认为可以从以下几个方面着手。

第一，研究对手的产品，寻找其弱点。

销售员在销售产品之前，除了深入了解自己的产品外，还要认真研究对手的产品。客户在选择产品时，销售员应该不失时机地将自己产品的优势展示出来，将对手产品的弱项暴露出来，这样就可以有效地争取客户。注意：是暴露，不是揭露。这一点很重要。

第二，找到对手产品在价格、售后服务等方面的缺陷，趁虚而入。

除了寻找对手产品本身的缺点外，销售员还可以从竞争对手的售后服务、价格等方面找到毛病，从而为自己的产品打动客户创造有利条件。这里有一个很好的例子——

英国某化工公司生产的清漆是当时市场上最好的产品。由于产品质量过硬，所以占领了英国中部的全部市场。中部一个小镇有名销售员叫蓝斯顿，名义是销售员，实际上不用销售，就是坐等订单然后送货上门，反正这货是人家指名购买的。

随着业务量不断扩大，客户群越来越大，大客户也越来越多了。当然蓝斯顿也忙碌起来。在这种情况下，他有些看不起小客户了。因为小客户要货零散，需求量很小，挣钱不多，还很辛苦。于是他改变了送货方式——如果有人请吃请喝，送礼品，就上门送货，否则就让客户上门取货。

这个小镇上的客户对蓝斯顿的做法非常生气：太不像话了，太看不起人了，为什么不能一碗水端平？

恰好在这个时候，有一个叫彼得的销售员来到这个小镇。过去彼得想了很多办法想挤进这个市场，都没有成功，因为小镇居民清一色用的是蓝斯顿的货。现在机会来了，彼得抓住蓝斯顿的弱项，看准了这个机会，决心从蓝斯顿手中抢夺客户。

彼得将自己的油漆送遍了这个小镇的大小客户，让他们免费试用，然后再说价格，并且承诺每次都是送货上门。

小镇上的客户试用彼得送来的货后，发现与蓝斯顿的货没有什么明显的差别，于是纷纷抛弃了蓝斯顿，转而从彼得手中进货。

蓝斯顿因为不能公正地对待客户，从而丢失了小镇上的大量客户。而像狼一样蹲守的彼得抓住竞争对手在服务上的弱点，抢得准，也抢得及时。

第三，利用竞争对手的内部变化快速出击。

销售员不仅要利用竞争对手在产品和服务上的漏洞，还要利用竞争对手内部的变化，快速抢单。

这里有一个经典实例，它可以为大家揭示其中活生生的道理。

南京一家电子公司，2013 年下半年进行人事方面的重大调整，中层以上领导调整人数占一半以上，为此搞得人心惶惶。领导尚且如此，销售员心里更是没有底。在这种情况下，客户管理和服务漏洞百出。

江苏省无锡市的销售员王天奎，利用这个机会专门争抢南京这家电子公司的客户，几乎将南京这家公司在无锡的大客户来了个“一网打尽”。当南京这家公司的内部调整稳定之后，再想重新拉回来原来的客户，已经是“回天无力”了。

世界上的任何事情都不是一成不变的。行业在变化，企业也在变化。一名销售员要善于抓住机会，抓住竞争对手人事调整、机构调整、市场整合、新项目开发等机会，寻找对手的弱点和漏洞，大力渗透，挤占市场。

每一个订单都是抢来的——记住这个营销法则。树立强有力的竞争意识和争抢意识，不要坐等，善抓漏洞，才能夺单成功。另外，销售员在提高主动抢占意识和争夺客户的时候，还要不断地查找自身的漏洞，防止被竞争对手利用。

不要为失败寻找理由，而要为成功寻找方法。

——马里奥·欧霍文

不为失败找借口，只为成功找方法

销售到底好不好做？

老实说，确实不好做。作为一名老销售，我对此深有体会。

销售是一项挑战重重、压力巨大的工作，好多人进入这个行业后便感觉到困难重重。为了逃避这种残酷的现实，他们会寻找一些理由为自己开脱，以寻求心理上的平衡。

销售员常用的借口都有哪些呢？

市场上同类产品太多啦，产品质量不好啦，价位太高啦，广告跟不上啦，客户没有需求啦，促销力度不够啦……

如果找到的借口能够让我们获得成功，那么这个借口就是有用的。如果这个借口让我们丧失信心，行动松懈，导向失败，那么这个借口为什么不丢弃呢？

说实话，任何一家公司的发展都不会是一帆风顺的。当公司遇到困难的时候，不找借口，积极想办法的销售员，才是好的销售员。在公司遇到困难时，那些千方百计寻找借口，遇到困难就打退堂鼓的销售员是不受欢迎的。

1952 年，日本经济萎缩，需求不振，东芝公司的仓库里积压着大量的电扇。公司上下为此愁死了，不管用什么招儿，就是卖不出去。这批电扇占压了公司大量资金，令公司经营举步维艰。

公司动员销售部门想办法，半年内连续开了五次销售精英会议，也没有找到可行的办法。销售部门把这个问题公布出来，让全体销售员都来想办法，并宣布谁能找到解决问题的方法，就将这批电扇总价款的 1% 作为奖励。

销售员佐藤因为家里父母都有病，欠了很多债，正急需用钱。听到这个消息，他决心抓住这个机会。他整天动脑筋，想办法。这天，佐藤一边思考一边往家里走，突然看到一大群孩子正在玩风车。那些风车五颜六色，十分美丽，孩子们边唱边跳，玩得很开心。

有了！佐藤忽然跳起来，大喊着狂奔向公司。你猜他想到了什么？他想到：为什么不把电扇的颜色改一下呢？把电扇漆成五颜六色，孩子们喜欢，年轻人也容易接受。而且，这样做也花不了多少成本。

回到公司，佐藤把自己的想法向主管领导讲了一遍。公司上下一致认为这个主意好。不久，东芝公司推出了一系列彩色叶片电扇。从此，市场与清一色黑色面孔的电扇永远告别。

彩色电扇一推向市场就大受欢迎，以至于公司积压的几十万台卖完后，还得开足马力继续生产。东芝公司从此走出了困境。

为了奖励佐藤，东芝公司破格拿出当年销售额的 2% 奖励他。这样，佐藤也彻底走出人生的困境，变得很富有起来。

销售员找借口，等于是自己为自己设置障碍。世上有的是困难，但是方法总比困难多。作为一名销售员，要想获得成功，必须迎难而上，想方设法克服困难。遇到困难时如果只是一味找借口，不去努力找方法，这样的销售员将碌碌无为、一无所获。

没有人做什么事情都是顺顺当当的，每个人都会遇到这样或那样的问题和困难。每当遇到问题和困难时，不管三七二十一首先为自己找逃避的理由，那是懦夫的逃避行为。人一旦为自己寻找借口，大脑就不再思考了，你就会心虚，会两腿打颤，结果自然是打退堂鼓。如果不去找借口，而是顶着困难上，你就会勇气倍增，把你的脑子开动起来，最终一定能够找到解决问题和困难的办法。道高一尺，魔高一丈，没有什么是你不能战胜的。

我相信，包括那些举世闻名的销售大师，也会时时面对拒绝和失败。金牌销售员之所以能够赢得“金牌”的声誉，不是因为遇到失败和拒绝的次数少，而是因为每次遇到失败和拒绝都不为自己找借口，而是坚持继续前进。正是因为他们遇到的失败和拒绝多，所以成交的机会和经验也多——这就是销售冠军的秘密。

人类是一种会思考的动物，这是人区别于其他动物的关键之处。不找借口，你的思维就会被“逼”着活跃起来，想别人所未想，做别人所未做，最终寻找到有效的走出困境的方法，将无望变成希望。

作为一名销售员，如果某一段时间你觉得什么事情也不想做，每天出去见客户时总想找理由逃避，那么你应该及早醒悟。如果你给自己制定了个计划但是却没有行动，总是为自己找理由逃避行动，那么你应该及早反思……

寻找借口，就算可以得到他人的理解和原谅，但是你的工作是没有成效的。

寻找借口只有一个好处，那就是把本该属于自己的过失掩饰了，把自己应该承担的责任转嫁给了他人，自己的内心也获得平静，没有任何负疚感。但是长此以往，一个人就会把找借口当作一种习惯，总是让计划荒废，总是让事情拖延，总是没有行动，什么事也做不成。想想你身边那些一生平庸、没有任何起色的人，哪一个不是这样对待工作的呢？

不为失败找借口，只为成功找方法。如果你能记住这句话，切实地付诸行动，那么你就会摆脱平庸。

改变就在现在！

我不留恋从前那种洋葱式的生活，我要成为万树之王——橄榄树，成为现实生活中最伟大的推销员。

——《羊皮卷》

通过持续学习，提升销售技能

销售员只有通过不断学习，才能提高销售技能。既然是学习，那就不是盲目地摸索，摸着石头过河，而是通过学习别人现成的经验和知识，缩短奋斗历程，快速走向成功。

那么销售员需要学习哪些东西呢？不仅要学习信息搜集能力、沟通技巧、谈判技巧、成交技巧等，还要进行强大的心理训练。就是本公司的产品和同行业信息，也是需要不断学习的。不然，你无法应对客户对产品的各种疑问和询问。

日本推销之神原一平的命运能发生根本转变，与他的勤学上进是分不开的。原一平的太太久惠是有知识、有文化的妇女，而原一平因为书读得太少，经常听不懂久惠话中的意思。而在和高层次客户的交往中，原一平对他们的话也是一知半解，沟通很不流畅。为了改变这种局面，原一平决定利用自己的业余时间充电，每个星期六下午都去图书馆读书。而且经常待到夜里很晚才回家。

因为这件事，原本对原一平行踪一清二楚的妻子产生了怀疑：丈夫到底干什么去了？而且还不告诉自己。一次，久惠忍不住好奇地问原一平："星期六下午你到底去哪儿了？"

原一平故意逗久惠说："去找小老婆啊！"

过了一段时间，原一平的知识增加了不少，与人谈话的内容也逐渐丰富了。久惠猜想这一定跟丈夫星期六秘密约见那个小老婆有关，于是再次询问他周六都到哪里去了。

原一平觉得事情已到这种地步，只好和盘托出："我感到自己的知识不够，所以利用星期六下午的时间到图书馆进修去了。"

"原来如此，我还以为你的小老婆才智过人，把你吸引过去了呢。"妻子笑着回答。

优秀的销售员都是学习的快手和能手，他们向上司学习，向同事学习，向书本学习，不断地提高自己的销售技能。

我认识一个叫金玲的女孩，她就是靠勤学苦练，在较短的时间里成为了销售高手。

金玲，是杭州一家家电公司的金牌销售员，大学毕业仅两年多，业务能力十分突出。她曾创造了一个月销售空调823台的纪录。823台呀，这是一个什么概念呢？平均每天得卖出去27台空调，大部分销售员一年也做不到她一个月的销售量。

那么她有独特的地方吗？有，那就是她对产品的了解达到了非常专业的水准。当你打开任意一个品牌的空调，她听上几分钟，就能够判断出来这款空调的噪声有多大，功率是多少。她拍打几下空调，就能够判断出来使用的钢板有多厚。

在学习销售的过程中，她刻苦钻研业务，对每款空调的性能和参数都记得清清楚楚，所以在向客户介绍产品时，她能够讲解得非常全面透彻，令客户十分满意。仅仅通过客户介绍客户这一项，她每个月就能卖500多台空调。

学历高，不等于能力高；人才，不一定就是“人财”。在销售行业，要想立足，学习是硬道理。

金玲凭着对于产品的深入了解，能够从专业的角度，对各种品牌、各种款式的空调提供专业的评价，并且对于产品的正确使用，也能向客户作科学的讲解。所以她能够说服新客户，并让老客户心甘情愿地为她介绍客户。

当前商业竞争十分激烈，销售员都非常注重培养自身气质，提高谈话水平，但大多数人却忽视了学习专业性的产品知识。面对客户的询问，其他品牌的这款产品只卖5000元钱，你们为什么要卖到5500元呢？如果你有专业的知识，通过对产品性能、部件构成等方面的专业性讲解，那么客户就会打消对价格的疑虑。

知识由两部分构成，一个是专业知识，另一个就是专业知识之外的其他知识。作为一名销售员，专业知识是指从事销售工作所需要的产品知识和行业知识。知识短时间内可能不会产生明显的效果，不能兑换成相应的人民币，但是学习各种专业知识不会是浪费时间和精力，它总会以各种形式表现在你的工作成果中。

作为销售员，要广泛学习，涉猎百科，让各种知识在销售工作中交叉运用，从而提高自己的综合销售能力。

第三章

金牌销售员的八大心态

业绩低迷时怎么办？

如何让你的客户相信你？

怎么战胜心中的恐惧感？

销售不是人干的活，是人才干的活。它是一项需经历磨练的工作，销售人员除了要“走千山万水，说千言万语，吃千辛万苦”之外，还必须具备较强的心理素质。

成功学大师拿破仑·希尔曾这样说：要么你驾驭命运，要么让命运驾驭你。你的心态决定谁是坐骑，谁是骑手。

对于任何一个人来说，心态决定习惯，习惯决定行动，行动决定结果。可以这样说，心态比知识重要，心态比能力重要。心态是人与人竞争制胜的最核心、最根本的竞争力。所有的金牌销售员，都是具有良好心态的人。

我可以把任何产品在任何时间卖给任何人。

——乔·吉拉德

内心强大，业绩才会强大

内心不够强大的人，不可能有强大的行动力，当然也就不可能做出优秀的业绩。

和销售员打交道的客户，可以说千人千面，什么样的人都有。斥责咒骂自不用说，经历多了，自然就看淡了。单说催款这件事，内心若不强大，是很难取得效果的。

这里有我亲身经历的一件事情。

有位客户买了我们两箱口服液，货卖完了，钱一直拖着不给。记得那位客户姓张。

没办法，我只好登门催讨。见到客户，我说："张先生，根据我们当初的约定，货卖出去了，您要跟我们结清货款。现在货已经卖出去了，您却老拖着不打款。一共两箱货，一箱是1500多块钱，这对您来说不算什么；对于我们来说，就是两个月的工资。您无论如何要把款项结清，我也好回公司复命。"

"不好意思呀，我是答应过给你，但不一定就非得今天给你呀。我的钱都拿去进货了，你先回去吧，改天再来。”

我坚定地说：“做任何事情，都要说话算话的。我今天来了，就一定要把货款带回去。否则我回去无法向公司交代。”

张客户很不屑地说：“那好，你要是等，那就等着吧。”

我说：“我就是要等，今天无论如何也要把钱拿回去。”

就这样，我从早上9点开始等，一直等到中午12点。到了他们中午吃饭的时候，他们吃饭，我就看着他们吃。

张客户的爱人看不下去了，对丈夫说：“要不想点办法把钱给他吧?”

张客户白了爱人一眼：“我没有钱给，你给呀!”

我心里很清楚，他就是有钱不给，想一直拖下去。我不能这样惯着客户，今天拖，明天拖，这样客户就会养成拖欠的习惯。

我中午饭也没吃，一直看着他们。他们装作没事人一样，不理我，也不管我，连口水也不给我喝。就这样坚持着，一直坚持到傍晚6点多钟，天都快黑了。当时我的信念只有一个：今天无论如何也要把货款收回来。

到了晚上，又到了吃饭的时间，他们家里来了客人。他们家里前面是店，后面是生活区。

张客户对我说：“你还是先回去吧，你这么小的年纪，我也不忍心让你一直饿着呀。”

我说：“没关系，我就在这儿等着。款收不回来，我是绝对不会回去的。”

他们吃完饭，亲戚朋友围坐在一起打牌。等客人散尽，天已经黑透了，家里只有他们两口子和孩子，另外还有我。

他爱人惊异地问：“怎么回事呀，难道今天一定要把货款收回去吗?”

我坚定地说：“是的，我今天就是要把款子收回去，收不回去我就不走了。”

“你们公司都是这样的吗?”

“是的，都是这样。公司有严格的规章制度，高压线是不能碰的。我把款收回去，还要马上打进到公司的账户上。否则我没法回去交代。”

他爱人听了之后发火了，跟丈夫吵了一架，指着丈夫吼起来：“你这人怎么能这样呢？你看人家多可怜呀，一天不吃不喝的。你想闹出人命吗？”

这时候，张客户无奈地出来说：“你呀，就是太死心眼，太执着了。”然后把钱甩给了我。

我拿着货款，饥肠辘辘地走在返回公司的路上，心里别提多开心了。那天我没有吃一口饭，不敢出去吃饭的原因，是怕张客户趁机躲了。

也许你想不到，还是那家店，过了几天给我打电话：“再给我们来两箱口服液，我已经准备好了现金。”

这是20多年前的事情了。这件事情让我明白，一个人无论做什么事情，一定要有信心、耐心与决心。只有内心强大，才能战胜强大的外部世界，才能面对并且克服销售中的种种困难。

那时候我还年轻，不知道有很多催款方法，只是靠着这么一股子劲儿，硬是一步步走了过来。因此我就想说：态度确实是大于方法的。内心强大比任何销售方法都有效。

如果把今天的商场比作一个战场，那么销售员就处在战场的第一线。处在第一线，就意味着时不时会遇到挫折和失败。面对客户一次又一次的拒绝，面对一张又一张失去的订单，只有少数人能够承受这种心理压力。这正是销售人员流失严重的原因。那些在销售工作中取得成功的人，都具有非同寻常的意志力，能够抗拒一般人抗拒不了的心理压力。

20世纪末，《世界上最伟大的销售员》一书被引进到中国。书中说：“一个人要想从贫穷变为富有，最可能的方法就是去做一名销售员。”在此之前，中国还没有多少人看得上销售员这个职业。也正是这本书，引发了中国人的销售热情，让今天的销售队伍浩浩荡荡，遍地开花。

在激烈的市场竞争之下，销售员必须付出常人难以想像的艰苦劳动，承受巨大的工作和心理压力，才能在市场上分一杯羹。阿里巴巴的马云说过一句话：“今天，销售成功的人，一定是内心强大的人。”

我曾经遇到一名销售员，她是一位内心强大的人。她的名字叫张丹。

那是2005年，张丹刚刚大学毕业。她学习的是法律专业，当时不好找工作。

在一次人才招聘会上，我招她来做销售员工作，专门销售软件。

没有任何工作经历，也没有任何销售经验，面对着陌生的市场，她不知路在何方。

我交给她的第一个任务是“扫大街”。

“‘扫大街’，考验与锻炼的就是心理承受能力。没有强大的内心，你不可能坚持下来。”我提前叮嘱张丹。

——这里所说的“扫大街”，并不是真正去清扫马路，而是一条街一条街地挨门销售产品。

刚开始，是我带着张丹出去的。当然我有经验，这让张丹稍感到宽慰。我介绍产品，与客户交流，回应客户的质疑……张丹却在一旁紧张得要命。为了不让对方看出自己的慌张，她强作镇静。

我们终于合作拿下了第一个订单。

接下来，张丹要独自一个人出去打拼了。张丹把这座城市分成若干个片区，每天按照自己的计划，一个片区一个片区地登门销售软件。

多年以后，张丹告诉我，她第一次扫街的情景现在仍然历历在目。当时她拿着资料，一次，两次，三次……好多次走到公司门口，都因为恐惧而离开。就这样反反复复，犹豫好半天，才鼓足勇气进入陌生客户的大门。走进室内，大家都在忙，都不搭理她。张丹讲了半天，也没有找到愿意听她讲的人。

到了第二家公司，没想到竟然碰上一个横不讲理的男人。张丹一敲开门，那个男人就朝她骂骂咧咧，随后抢过张丹手里的资料，二话不说，用力撕成碎片，然后扔进旁边的垃圾筒。

站在一旁的张丹又羞又气。室内其他人围拢过来，竟然没有一个人替她说句公道话。还有人风言风语，说现在销售员太多了，到处乱跑，他们家的什么什么东西就丢了……

回到家里，张丹一进门，便趴在床上埋头大哭。

虽然一次又一次遭到拒绝，一次又一次经历失败和挫折，但张丹却用三个月的时间“扫”遍了这个城市的写字楼与公寓。在竞争对手都拿不到几个单子的情形下，张丹每个月都能拿到三四个订单，并因此成为公司的金牌销售员。

公司召开的表彰大会上，张丹含着眼泪朗诵自己写出的一篇散文——《内心强大的你》：

“当你的征途布满荆棘，当你的生活有太多迷局。你曾经流过泪，叹过气，但你没有停止脚步。因为你相信：这些都是暂时的，一切都将过去……

“常常有人跌倒，不再爬起。其实，只要他再坚持一下，成功的乐章就会奏起。在你受到折磨的时候，在你被粗暴拒绝的时候，你要记住：这个时候，正需要内心强大的你！”

也算是当初我没有看错，相中了一匹千里马，今天的张丹路子已经越走越宽广。

张丹之所以能够获得成功，离不开她强大的内心。那一个个遭到拒绝的尴尬场面，那一次次透支了体力和精力却没有收获的失落感，都没有让她退却。她自己给自己打气，强大自己的内心，成就了坚强的自己，也成就了她的业绩。

销售是商战中的最前线，销售员是一线战士，在这场没有硝烟的战争中，最容易“受伤”的就是销售员。我相信我的说法不会有人否认：一个好的销售员，必须有强大的内心，不然随之而来的失败和挫折，会很轻易地把你击倒。

对于积极奋斗的人而言，天下没有不可能的事。

——原一平

积极心态带来乐观结果

我发现，不少销售员遇到难题喜欢停下来，等着公司或同事来解决，然后就是接二连三地向公司要钱要“政策”。

不得不承认，不少公司从制度到产品并不是完美的。但是如果产品没有一点弱点，价位低，质量又是同类产品中最好的，广告也做得好，包装很到位，销售策略合理……那么，这种产品不愁销路了，公司还花钱请你当销售员干什么？

三只蛤蟆一不留神掉进了鲜奶桶里。

第一只蛤蟆哭了：“天呀，我们怎么这么倒霉，反正是死定了。真是天要灭我啊。”于是，这只蛤蟆绝望地闭上眼睛。第二只蛤蟆也哭着说：“这桶太深了，我从来没有见过这么深的桶，没有希望了，再挣扎也是没有用的。”

这两只蛤蟆很快便沉没了。

第三只蛤蟆也预感到有危险，可是让它高兴的是，它的双腿还能动弹。它心想：太好了，我还有机会。于是它奋力地往上跃起，一次，二次，三次……慢慢地，这只蛤蟆感觉后腿有些支撑了，弹起得越来越高。原来，在这只蛤蟆的后腿搅动下，鲜奶慢慢凝成了奶油。凭着奶油的支撑，这只蛤蟆逃离了危险。

为什么要讲这个故事呢？因为这三只蛤蟆的命运告诉我们：同样的境遇，不同的心态，会带来不同的结果。

积极的销售心态，会带来好的销售结果。如果被消极心态左右，那么销售结果肯定也是很糟糕的。

前一些日子，河北黄骅市一家保健品公司的老总和我聊天，谈到了目前销售队伍的问题，印证了以上观点。

这个老总对我说，那些心态积极的销售员，会不停地找客户，一个不成再找下一个。他们向客户展示产品，讲解公司产品不可替代的方面，给客户做体验，业绩都做得不错。而那些心态消极的销售员，一天到晚就知道抱怨：抱怨产品不好，抱怨现在的保健品太多，抱怨公司的规章制度有问题，抱怨现在的客户太“精明”……然后，他们什么也不去做，当然也就没有业绩，于是先后退出了销售队伍。

这位老总给我列了个数据：他们公司每年招聘上千名销售员，可坚持到年底的不到十分之一。公司发现，最终留下来的，都是那些心态积极，埋头苦干，从不抱怨的人。

销售行业不仅是个竞争激烈的行业，也是考验个人心态、训练适应能力的战场。要想当一名优秀的销售员，就必须积极面对失败和挫折，磨练自我调节心态的能力。在实践中不断将消极心态化为积极心态，铸就刚强的性格。否则就会在一次次的失败后消沉下去，直到退出这个战场。没办法，这就是适者生存，“剩”者为王。这个行业的性质就是如此。

科波出生于英国一个贫寒的家庭。14 岁那年，他还在上中学，就已经开始帮助父亲卖保险了。

按照父亲的安排，他来到一栋写字楼前。他站在大楼外的人行道上徘徊不定，不知道该怎样去做：他该不该进去？他能成功销售出去这份保险吗？

这时候一个积极的念头占了上风：这是多么好的一件事情呀，对客户太有用了，我为什么不赶快做呢？要是他拒绝了我，只能说明我碰到了一个傻瓜——这么好的事儿都不干！一想到这里，科波径直走进了写字楼，头也没有回。

这次销售并未成功。到了另外一家写字楼，父亲给他讲，这个写字楼的人特别凶，许多销售员都被他们轰出来了。科波听到父亲的话是如何想的？他说自己当时是这样想的：真把我轰出来了，我大不了再进去一次；你轰的次数越多，我进去的次数就越多。

走进写字楼，竟然没有人轰他出去。他感觉自己太幸运了。

从一个办公室到另一个办公室，他挨个敲门，终于有一名文员买下了他的保险。这是他第一次销售成功。

科波从此得到一个经验：从一个房间到另一个房间，这中间不要停留，不要给自己心虚胆怯的时间。

讲到这里，我要插上一句，科波的这个经验是消除负面情绪，提高行动力的秘诀——我在培训销售新兵时经常讲这个案例，让新兵们借用这个方法。

科波在销售上取得了一个又一个成功，赚到了几十万英镑，足以养活自己的家庭50年。这在当时整个英国，都可以说是个奇迹。不好的消息是，由于经常外出做销售，影响了学习成绩，后来接到了学校勒令退学的通知书。

就是在这样的情况下，科波也没有改变自己积极正面的心态。他一边做销售，一边自学，最终修完了中学的全部学业。

18岁那一年，科波开了一家保险代理公司。由于他不懈努力，心态积极，公司生意十分红火。

30岁那一年，科波的公司在英国各地都开设了分支机构，员工有5000多名。

2008年，经济危机也波及到了英国，英国出现了全国性的大萧条。在这种情况下，还会有人买保险吗？当时许多保险公司关门闭店，生意很不好做。

科波的公司员工也有不少人丧失了信心。面对这种情况，科波专门召集员工讲了一节课，题目叫“打不垮的积极心态”。

在会上，科波这样说：“只要你坚定地、乐观地看待我们目前面临的困难，再想想我过去奋斗的故事，你就不会失去信心。在今天这种情况下，你仍然可以创造很好的业绩。形势不好，许多保险公司关门歇业，这对于我们来说不是一个好机会吗？如果是个好年份，大家都抢着去拉客户，还轮得着我们吗？”

科波可不是光说不练的。讲完话之后，他带着员工亲自去销售保险，并且成了公司当月的销售冠军。在随后几年经济萎靡的情况下，科波的公司的销售额与从前相比反而增加了一大截。

大家看到没有，科波的成功印证了积极心态的力量。培养积极的心态，光靠看励志书、听讲座是没有作用的，你必须在行动中去实践和锻炼，在行动中培养自己的积极心态。尤其是在遭遇失败的情况下，要学会“转念”，化负面情绪为正面情绪。

这里可以郑重地告诉大家：越是遇到失败和挫折的时候，越是培养积极心态的最佳时机。

即便你是一名销售高手，也难免会经历失败。那么刚进入销售队伍的新手呢？你可以想想，在一天之中，他们会经历多少次失败？其实，此时正是培养积极心态的机会。

如何化消极心态为积极心态？这就要求学会“转念”。我这里讲下面几点——

一是把失败当成一次学习的机会。对方拒绝了你销售的产品，想一想，他为什么会拒绝？你对产品讲解得不到位，还是你与客户沟通时不能够展现出足够的自信？……多问几个为什么，拿个本子记下来，找到原因后，私下里好好操练一下，然后再去见客户。

二是把失败当作一次信息回馈活动。通过一次次的失败，你会认识到，什么样的客户是你真正想要的，什么样的客户最容易接受你的产品，到哪里去销售你更容易成功……

三是把失败当成一次锻炼幽默感的机会。不少成功的销售员回想起人生第一次与客户会面的经历，有谁不是带着快乐的心情？有谁不是当作美好的记忆？你也应该把自己失败的经历，“添油加醋”地讲出来，当成一个幽默故事，引得大家笑声不止。同时，这样也能让自己的负面情绪烟消云散，这岂不是两全其美？

积极的心态不是天生的，而是在挫折和失败中磨练出来的，是不断地自我调整出来的。

销售行业是适者生存，“剩”者为王。这个“剩”者，首先就是心态积极的人，否则不可能在这个行业坚持下来。

我曾经培训过一家公司的销售员，很能说明这个问题。

2013年年初，广东这家公司招了一批营销员。员工们刚来时，个个都是信心满满，劲头十足。不用说，他们的心态是没有问题的。再经过我的培训，个个是豪情万丈，心态更好了。这批员工有500多人，经过培训后，他们开始走向市场打拼了。

可不到两个月，一半人悄悄“不见”了，再也没有了下文。再过两个月，只留下50多个人。到了年底，仅剩下15个人。

这家公司的老总给我打电话，问我是不是培训的课程没效果。

我说：“谁也不能保证一次培训，能让团队保持一辈子的积极心态。”

事后，这家公司老总对我说：“现在的人，尤其是大学生，理解能力强，一经过培训，就激情万丈，认为‘老子一下子能玩出来几个亿’，可是一上路，就会发现挣一块钱也不容易。其实这个时候正是他们调整自我，化消极心态为积极心态的时候。可是他们大多数人就是不给公司这个机会，也不给自己机会，带着负面情绪直接走了。销售工作是适者生存，没有办法，你要留人，可人家不愿留在你这里。不过年底留下来的15个人，现在人人都带领着一个团队，而且业绩做得都不错。”

为什么当初一个个心态积极的人，后来都无影无踪了呢？一接触实际，真正感受到竞争的残酷，不断遇到拒绝、挫折和失败，消极的心态就很容易占上风。一旦消极心态占据上风，就不可能再坚持下去了。

一个人除非自己有信心，否则不能带给别人信心；相信自己的人，方能使人相信。

——麦修·阿诺德

自信，才能他信

很多销售新人在刚刚接触销售这个职业的时候，经常会犯这样一个错误：总觉得做销售低人一等，从而在面对客户时表现得卑躬屈膝。

这种错误的认知和行为，不仅给销售员自身造成了很大的困扰，还会影响交易的达成。一位接触销售行业没多久的小伙子，曾跟我说起过他经历过的一件事：

> 为了让自己的产品卖出去，我在客户面前小心谨慎，战战兢兢，销售过程中更是不断地讨好客户。然而让我想不到的是，我对客户的尊重不仅没有得到等值的回报，客户反而对我非常不耐烦。虽然他们觉得我服务态度“还不错”，但很少有人愿意签单。

为什么销售员卑躬屈膝不仅没有赢来订单，反而换来客户的不屑和轻视呢？这是因为当一个人唯唯诺诺、底气不足的时候，是很难获得别人的信任和好感的。

试想一下，你自己都对自己没有信心，别人怎么可能会对你销售的产品有信心呢？即便是你的产品再优秀，如果你在进行销售的时候卑躬屈膝，低三下四，那么你的产品也会在无形中贬值。

销售员为什么会不自信？

一、觉得做销售员低人一等

中国历来重农轻商，在传统的意识里，做销售似乎总是不入流，不是一份体面的职业。事实上，我们之前曾经说过，没有销售员，这个世界将陷入停滞，销售员甚至比总统还要重要。

销售不是求人，而是试图帮助他们解决现实中遇到的一些问题。销售员和客户之间是平等的、互利互惠的关系。因此你完全不必在客户面前低三下四。同时，你一定要对自己充满信心。只有这样，你才能用你的自信感染客户，让客户相信你，从而促成交易高效完成。

二、担心自己的产品不好，客户不要

销售过程就是说服顾客购买产品的过程，如果你不能说服，就意味着失败。作为销售员，要说服顾客，就得先说服自己，真诚地相信所销售的产品能够给顾客创造价值。

这种信心不是盲目的。每种开发出来的产品，总有其存在的价值。所以你有必要在销售之前，深刻了解和挖掘你所销售的产品能够给人们解决哪些方面的问题，能给他们创造多大的价值。对这些烂熟于心之后，不论走到哪里，你都会对自己的产品拥有绝对的信心。

三、担心公司实力和品牌不强，客户看不上

时常有些小公司的销售员不敢正视客户探询的目光，甚至没有勇气正确介绍自己和企业，“胡说”自己是什么大公司、大企业的销售员。这实在是非常愚蠢的行为，产品与公司不对路，稍有头脑的客户一听便知。“拉大旗做虎皮”，也会使人对你和公司产生怀疑，生意肯定是做不好，同时还会使你错过很多潜在的客户与市场机会。这无异于搬起石头砸自己的脚。

对付客户“小瞧”的最好办法，就是实话实说，不要卖关子。做到这

一点，前提是你要充分认识到你所在的小公司的优点和市场潜力。同时，在销售中，你还要紧密结合客户的实际需求，不断强化和传播这些优点、优势。这样，企业小和品牌弱就不会成为销售中的绊脚石了。

四、担心自己知识太少，说服不了客户

面对客户的时候，不少销售员都怀着一种恐惧心理，怕说服不了客户。这一现象产生的原因有两个方面，一是担心自己的知识不够，二是想急于说服客户。

要根除这一顽疾，销售员必须做好充足的准备工作：牢记公司产品的卖点，背熟以往公司成交的案例；深入挖掘客户的当下需求，以便对症下药。做好了这几方面的准备工作后，你就成竹在胸了。面对客户时，你就是一个春风满面的游说家，完全有能力让客户相信你的人，购买你的产品。

强烈的自信不是建造在沙洲之上的，而是销售员艰苦努力的结果。只有具备广泛的知识面以及深入的专业储备，你才会有不竭的自信源泉，并长期稳定地保持这种巨大的能量，让许多看似不可能的事情，转眼间成为活生生的现实。

销售是一种磨砺人的工作，是一种把人放在火上烤、放在锅里蒸的工作，没有信心，你的双膝就会因缺钙打颤，永远走不出自卑的牢笼。

我一直很欣赏这样一句话："锐气藏于胸，和气浮于面，才气行于事，义气施于人。"现在想想，用这句话来修炼人格魅力，可以说是最立竿见影的。

如果你想成为金牌销售员，想干出一番惊天动地的业绩，那么从现在开始就抓紧时间对自己进行修炼吧！不管是内心，还是外在，当你具备了一定的人格魅力，当你能够自信地与客户侃侃而谈，你离销售成功也就近在咫尺了。

售前奉承，不如售后服务。这是制造“永久客户”的不二法则。

——松下幸之助

成功者更注重长远利益

销售这份工作，你把它当成什么呢？是暂时维持生存的手段，还是准备在这一领域奋斗五年、十年？你是为生计所迫，还是热爱这份工作？

成功者与普通人的最大区别是：普通人只看到眼前的利益，而成功者在看到眼前利益的同时，更关注长远利益。在成功者看来：吃亏有时就是占便宜，吃一些眼前的小亏，往往能给你带来长远的利益。

作为一名销售员，不仅不能有急功近利的想法，有时还要舍得牺牲“近利”，谋求与客户之间建立长期的合作。在这方面，藤田公司给我们做出了表率。我们来看一下他们是怎样“舍近求远”的。

藤田公司是日本一家生产酒店餐具的专业公司。有一次，他们接到美国油料公司订制一批餐具的大单，这份合同是生产300万把不锈钢刀叉。合同约定在当年的10月1日，通过海运在芝加哥准时交货。

接到订单后，藤田公司就开始赶制这批刀叉。由于各种原因，工厂一再误工，预计到9月27日才能干完这批活儿。

这下麻烦大了。从东京通过海运到芝加哥，至少需要25天时间，误期已是板上钉钉的事。

公司高层召开紧急会议，大家一致认为：

“美国市场是个巨大的市场，这个市场不能丢。为了长期的战略利益，我们必须牺牲眼前利益，不惜蒙受损失，也要保证按时交货。”

于是，他们公司作出了一个石破天惊的决定：花费高价租用泛美航空公司的波音707货运飞机，将货物按时运到芝加哥。

藤田公司因此蒙受了不小的损失。但是随之而来的是：公司的产品一下子在美国打开了销路。仅在当年年底之前，就有30多家美国公司向他们订货，其中最大的一单是美国油料公司订制的600万套餐具。这可是一个巨大的收获。

藤田公司“舍小利求大利”的做法，使公司产品在美国打开了销路，可谓“失之东隅，收之桑榆”。若藤田公司缺乏前瞻性的眼光，只从当前小利出发，很容易就会陷入经营困境。

客户是销售员的衣食父母，信用是销售员的无尽财富。经济上受到一些损失，将来可以赚回来；一旦信誉被毁，就很难弥补了。在今天这个信息化时代，任何不诚信的行为都可能在一夜之间“名扬天下”。作为一名销售员，切不可为了眼前利益失去信誉。每家公司、每个销售员都应该学习藤田公司，坚信“只要信誉在，就有利润在”。

遗憾的是，在销售行业里，有不少“聪明”的销售员，用一张能将稻草说成金条的嘴巴，将客户像“傻子”一样忽悠得团团转。似乎这种将稻草当黄金销售出去的能力，就是销售的最高境界。

客户是傻子吗？

也许吧。毕竟他上了你的当。但他傻得了一时，傻不了一世。上了你一个当，还会上你第二个当，第三个当？

“一锤子买卖”，即使赚得再多，也是一种十分低级的销售行为。销售员应着力与客户建立比较长远的关系。金牌销售员在达成一笔交易后，会获得三笔财富。一笔财富是奖金或提成，第二笔财富是经验，第三笔财富是良性的客户关系。所有金牌销售员之所以走得远、站得高，都是源于老客户的助力。

老客户是一株能开花结果的摇钱树。如果经营得当，它还能不断地自我繁衍，不断地生长壮大，从一棵小树开始直至长出一片森林。这一切，都需要良好的客户关系作为土壤。没有良好的客户关系，一切都无从谈起。

去做你害怕的事，害怕自然就会消逝。

——罗夫·华多·爱默生

战胜恐惧，挑战一切不可能

很多事情，其实不是不可以做到，只是在一开始我们就被吓倒，根本不敢接手。有一则故事告诉我们：如果把做事的焦点对准“如何去做”而不是“我做不了”与“这不可能”，事情就会呈现一幅完全不同的景象。

在一次飓风袭击中，加拿大一个叫做巴尔的小镇有12人死亡，同时还有上千万元的财产损失。

一家广播电台的副总裁鲍伯，想利用安大略至魁北克一带的电台帮助小镇上的灾民。鲍伯召集广播电台所有的行政人员到他的办公室开会，并在黑板上写下三个并列的“3”，然后说：“你们想想，如何能够利用3个小时的时间，在3天中筹措到300万元，好去帮助巴尔的灾民。”会场一阵静默。

终于有人开口了：“老板，你疯了，你知道这是绝对不可能做到的。”

鲍伯回答说：“等等，我不是问你们：我们‘能不能’，或是我们‘应不应该’。我只问你们‘愿不愿意’。”

大家异口同声地说："我们当然愿意。"

于是鲍伯在三个并列的"3"下面画了两条线。一边写着"为什么做不到"，另一边写着"如何能做到"。

鲍伯在"为什么做不到"的那边画个大叉叉，说："我们没有时间去想为什么做不到，因为那样毫无意义。重要的是，我们应该集思广益，把一些可行的点子写下来，好让我们能达到目标。从现在开始想，直到想出办法来才能离开。"

又是一阵静默。

过了好久，有人开口说："我们制作一个特别广播节目在全加拿大反复播放。"

鲍伯说："这是个好点子。"并且随手写下。

很快就有人提出异议："这节目恐怕没有办法在全加拿大播放，我们没那么多电台。"这的确是个问题，因为他们只拥有安大略到魁北克的广播电台。

但是，鲍伯说："就是因为没有那么多电台，才需要我们努力，维持原议。"

这真是很困难，因为各个电台都在相互竞争，照常理来说，鲍伯是很难说服各家电台一起合作的。

忽然有人提议："我们可以请广播界赫赫有名的哈维·克尔以及劳埃·罗伯森来承包这个节目啊！"

很快，又有许多令人惊讶的好点子陆续出现。经过讨论后，他们争取到50个电台同意播放这个节目。这些电台没有人去抢功，只想着能不能为灾民多筹些钱。结果通过短短3个小时的节目，在3天之内，他们真的募捐到了300多万元救灾资金。

本来看似"不可能"的事情，大家仅仅是调整了一下做事的态度，就有了一个成功的结果。

在销售界还流传着这样一个颇为经典的故事——把斧子卖给总统。

美国的布鲁金斯学会以培养最优秀的销售员闻名于世。每期学员毕业之际，学会都会为学员设计一道实习题目来考验学员的销售能力。

克林顿当政期间，学会给出这样一个题目：请把一条三角裤销售给现任总统。八年内，无数学员为完成这个任务费尽心思，但最后都没有成功。

克林顿卸任，小布什上台之后，学会又把题目改为：谁能把斧子卖给小布什总统？

因为对克林顿的销售任务失败，很多学员在面对这个题目的时候，都开始退缩。个别学员甚至还找出了许多无法完成任务的借口：现在的总统什么都不缺，我们怎么可能把斧子销售出去。退一步讲，即使总统缺少什么，也不会亲自来购买；再退一步讲，即使他真的亲自来购买，也不一定会买我的呀。

在很多学员退缩、胆怯的时候，一位名叫乔治·赫伯特的销售员，迎难而上，成功地将斧子销售给了小布什。他也因此获得了布鲁金斯学会象征最高荣誉的、刻有“最伟大销售员”的金靴子。

别人全都认为不可能办到的事情，乔治·赫伯特是如何做到的呢？一位记者在采访乔治·赫伯特的时候，他这样说：“我认为将斧子卖给小布什总统没有什么不可能。因为布什总统在德克萨斯州有一处农场，里面长着很多茂密的大树。所以我就给他写了一封信：我很荣幸曾经参观过您的农场，里面的矢菊树尤其漂亮，但是我遗憾地发现，有些矢菊树已经死掉了，木质变得很松软。所以我想，您可能需要一把斧子，照您现在的体质来看，新式而又锋利的斧子显然不太合适，一把不甚锋利的老式斧头可能更适合您。我的祖父正好留给我这样一把老式斧头，它很适合砍枯树。如果您有兴趣的话，请按照这封信所留的信箱给我回复……最后，总统真的给我汇来了15美元。”

一件在所有人看来不可能完成的事情，到了乔治·赫伯特这里，为什么就能变得如此轻松？问题的关键不在别处，只是在于乔治·赫伯特战胜了恐惧。其他学员在未曾尝试之前，就已经被自己设置的障碍吓倒了。

作为销售员，每时每刻都可能会面临一些极具挑战性的任务，如果你在面对任务的时候自我设限，先找出许多不可能完成的理由，自己先对任务产生畏缩心理，就不可能完成任务。对销售员来讲，恐惧是业绩最大的敌人，如果你不能战胜恐惧，永远也无法创造销售奇迹。

现实的情况却是：很多销售员在销售过程中普遍存在恐惧心理，害怕遭到拒绝，害怕丢面子，畏惧和客户交流……因为畏惧和害怕，越来越多的销售员被归入平庸的队伍里。我就曾接触过这样一个学员。

学员小张大学毕业后选择了销售行业。但小张性格内向，不善与人交流，每次和客户接触的时候，不是涨红了脸，就是说话结结巴巴，完全不能做到自信、自然地与客户攀谈，更说不上能够流利、大方地介绍自己的产品了。

因为害怕和客户接触，害怕开口说话，小张的销售业绩一直都很惨淡，经常每个月都只能拿着底薪生活。生活的窘迫，让小张备感自卑，面对客户时更是觉得低人一等，更不用说与客户平等自然地交谈。

恶性循环之下，小张的销售之路越走越窄。到最后，他不得不告别了销售行业，转行做了文职。

平庸还是卓越，外部力量只起到次要的作用，真正起决定作用的还是你内心的力量。内心强大，在面对问题的时候，你才会想尽办法去克服困难和恐惧，创造卓越和不凡。

在布鲁斯金学院的网站上，有这样一句名言：“不是因为有些事情难以做到，我们才失去自信，而是因为我们失去自信，有些事情才显得难以做到。”

拿破仑也曾经说过：“吃别人不能吃的苦，忍受别人不能忍受的委屈。做别人不愿意做的事，才能享受别人不能享受的一切。”

已经选择了销售职业的朋友们，从现在开始就打破自我束缚的藩篱，强大自己的内心吧！拥有强大的内心，战胜外来的恐惧，你才能在销售行业谱写自己的传奇。

一个能力平平却抱持着热忱的人，往往能超越一个能力很强却毫无热忱的人。

——弗烈得利克·威廉森

业绩低迷不可怕，可怕的是失去斗志

在培训销售新人的过程中，我时常会听到一些学员豪情满怀地宣称自己要成为未来的金牌销售员。我丝毫不怀疑他们当时的激情与诚意，但是说和做不是一回事儿，做一天与做一年又不是一回事儿。

一名销售员，一天要找几十个潜在客户主动搭话，忍受对方的训斥和拒绝。7×24 小时工作时间，出差成了家常便饭，生活起居规律也完全被打乱。最重要也是最悲惨的，是奔波了一月又一月，却发现始终无法达到销售指标，收入非常微薄。

承受了那么多的辛苦，业绩还是上不去，这时最容易让人心生退意。是安静地走开，还是勇敢地留下来？

拿破仑·波拿巴在谈到他的大将马塞纳时说，平时他真实而深刻的一面是显示不出来的，只有当他在战场上见到满地伤兵和遍地尸体时，他内在的“狮性”才会突然发作起来，在战场上顿时变得勇不可挡。

艰难的处境，绝望的挣扎，生活的窘迫，在历史上曾经造就了许多伟人。如果拿破仑·波拿巴年轻时没有遇到窘迫或绝望，那么他一定不会那么多智谋，一定不会那么镇定自若和刚强勇敢，他也就不会成为法兰西第一帝国的皇帝。巨大的困难和压力，往往是爆发出巨大能量的火药。

一位成功的商人曾经跟我说，他一生中获得的每一个成功，都是与困难和压力作斗争的结果。所以他现在对那些不费气力得来的成功，反倒觉得有点靠不住了。他觉得排除种种障碍，从奋斗中获得成功，才可以给人带来充实的喜悦。

这位商人喜欢做一些别人认为难以达到的事情，认为这样可以检验他的力量，考察他的能力。他反而不喜欢从事那些很轻松就能办好的事情，因为这种不费力气的事情，不能振奋他的精神，无法发挥他的才能。

作为一名销售员，在业绩低迷时如何缓解压力，保持斗志？

一是经常回想过去经历的往事，认识到许多眼前的困难和问题，放在人的一生当中来看其实微不足道，从而藐视眼前的问题和困难。例如高中时代，大家对考试、升学等备感有压力。时至今日，当年的烦恼早已变成了美好回忆了。

二是联想那些成功者是如何面对压力并最终迈向成功的。美国影星史泰龙没有出名时，手持自编剧本跑遍好莱坞所有电影公司都无人搭理；在创业过程中，李嘉诚几次面临破产，甚至一贫如洗……还有身边你的同事或朋友，虽然现在他们都有不错的业绩，但他们和你一样面临压力。正是他们不畏压力，勇于战胜自我，因此走出了平庸的泥沼，取得了让人瞩目的业绩。

三是远离那些萎靡不振与抱怨重重的同事与朋友。孔子云："与善人居，如入芝兰之室，久而不闻其香，即与之化矣；与不善人居，如入鲍鱼之肆，久而不闻其臭，亦与之化矣。丹之所藏者赤，漆之所藏者黑。是以君子必慎其所处者焉。"这段话的意思是说："常和品行高尚的人在一起，就像沐浴在种植芝兰和散发香气的屋子里一样，时间长了便闻不到香味，但本身已经充满香气了；和品行低劣的人在一起，就像到了卖鲍鱼的地方，时间长了也闻不到臭了，也就融入到那种环境里了。藏丹的地方时间长了会变红，藏漆的地方时间长了会变黑，这是环境使然啊！所以说真正的君子，必须谨慎地选择自己身处的环境。"

请在每一个清晨带着斗志上路。业绩不理想不要紧，你只是走在通往理想的路上。所有的辛苦与付出，是为了理想必须支付的成本。在你一天的工作结束之后，请检查一下你的“存货”，想一想你已经做了什么，是在一种什么样的精神状态下做的。归根结底，后者是更重要的事情。

知人者智，自知者明。胜人者有力，自胜者强。

——《道德经》

超越自我，做到最好

人活一生不容易，要活就要活得痛痛快快。选择销售工作也是这样，如果你喜欢销售这个职业，就要下决心做好。如果不喜欢，不如不要做它。要么不做，要做就做到最好。

“做到最好”说起来容易，做起来却很难。各行业的顶尖人士，有哪一个不是历尽艰难坎坷，经历九死一生才取得成功的？销售行业也是如此。销售员要有非比寻常的决心，决心“一定”要达到最高境界。

我认为，“做到最好”是一种上进的心态。这个“最好”，不一定去和别人比，也可以是一次次挑战自身的高度。

我曾经听朋友讲过这么一个故事，听后颇为感动。

店主要招聘一名员工，没想到30多个人来应聘。店主便对他们说：

“这里有个记号，大家看好了。你们每个人有7次机会。谁能用球打中了这个记号就是成功。打中的次数最多，这个招聘指标就是谁的。”

结果很可怜，来了30多个人，没有一个人能够打中目标。店主只得说：

“明天接着来，看看谁命中率高。欢迎你们！”

第二天，左等右等，只来了一个人。这是一个瘦小可怜的小伙子，奇怪的是，他每次都能成功地击中目标。

店主非常惊奇：“你怎么表现如此优秀？”

“我非常渴望得到这份工作。”小伙子说，“我母亲病了，我要挣些钱给她看病。昨天晚上我练习了一个夜晚。我告诉自己，我一定要成功，我一定能做到，我一定要成为所有应聘者中命中率最高的人。”

仅仅一个晚上的时间，小伙子就练出了一手百发百中的“绝活”，成功得到了那个工作的机会。这不由得让我叹服不已。

在我看来，影响我们命运的是决心，而不是条件和环境。只要具有“要做就做到最好”的决心，那么你的潜能就会被激发出来，帮助你千方百计达到目标。如果你始终找不到方法，说明你决心还是不够。

富兰克林说过：“想做之事就要下决心去做，决心做的事就一定能完成。”决心的有无，决心的大小，决定了一个人的成败，也决定了一个人能否成功。古今中外，概莫能外。

中国古代有一句话：“取乎上，得乎中；取乎中，得乎下。”如果你追求上等的结果，由于外界条件的限制，你可能只会得到中等的结果；如果你追求中等的结果，由于外界条件的限制，你可能只会得到下等的结果。谁不想好上加好呢？要想做到最好，就得下最大的决心。

作为一名销售员，想要获得成功，首先就要拿出决心来。拿出破釜沉舟的勇气，拿出“不能完成目标就去裸奔”的决心，没有做不成的事情。

在我刚刚踏入销售行业的时候，曾经听说过这样一则故事，它给了我莫大的鼓励。下面与大家一起分享这个故事。

斯密思夫人是卖保险的，干了两年了，没有什么出色的地方。

“40岁反思”是当地一些成功人士组织的一项活动。40岁的人，无论男女，大家聚集在一起，反思过去的人生，思考应该从中汲取什么样的经验教训，以确定以后如何重新出发。

这个活动搞得很好，许多人从中受益，从而改写了人生。

在“反思”会上，斯密思夫人反思了自己：“我过去没有明确的目标，更没有高远的目标，所以老是提不起劲儿来。做了两年保险，不好不坏，我就是那种混日子型的人。人到了40岁，也该做一番事业了。如果这个机会抓不住，我的这辈子就完了。”

斯密思夫人写下了自己的目标：成为公司的销售冠军！时间就在三个月内。

目前的销售冠军是三个月完成了80万美元，斯密思夫人决定向100万美元冲刺！

有了目标，斯密思夫人浑身像带了电一样，有用不完的力气。第一个月，斯密思夫人来了个开门红，销售出去两份保险单。

同事们议论纷纷：“这女人坚持不了多久，她从来就是那种半死不活的样子。”

但是大家都想错了。销售冠军——这个目标就像一条鞭子一样，天天抽打着斯密思夫人，她整日东奔西走，没有丝毫的松懈。早上出门时，她对着镜子大声对自己喊：“我——斯密思夫人，一定要成为销售冠军，这个目标我能够达到，我一定能够达到！我有坚持不懈的精神，我有旺盛的战斗力，我一定要成为销售冠军，我一定会成功！”

尽管整日不停地奔波，但斯密思夫人精神抖擞，力量无穷。她每天五点起床，徒步去公司总部，一路上不断微笑着和行人打招呼，一副快乐的样子。

她的记录不断地在刷新着。

就在第三个月里，她的业绩达到了130万美元，成为全公司的销售冠军。

斯密思夫人后来写了一本书——《销售冠军的力量》。在这本书的扉页，她写道：“当销售冠军，不只是为了佣金，这也是树立一个目标，激发自己的潜在能量。这是证明自己的机会。有了这种欲望，你会做得更好，更出色。即使你达不到销售冠军的标准，但你自我提升的速度也是惊人的。”

就是这个了不起的斯密思夫人，她激励了我许多年，也使当年的我初入职场便立下了要当销售冠军的目标，并成功地实现了当销售冠军的梦想，为我的人生奠定了一个良好的开端。

愿这个故事也同样能激励你，成就你。

公司的成功不取决于生产，而取决于客户。

——彼德·德鲁克

把对客户的感恩之心落到实处

客户是销售员的衣食父母——所有的书上都是这样写的，所有的销售员也都是这样说的。问题是，如何才能把这句话落到实处？

我觉得，销售员应该对客户常怀一颗感恩的心。这句话，大多数的销售员只是停留在口头上，却没有真正在行动上感恩自己的客户。做比说要难得多。没有行动，就很难说明你是真正在感恩，只有行动才是最有说服力的。

世界著名销售女神柴田和子，就是一个用行动实实在在让客户感受到她的感恩之心的人。

柴田和子于1938年出生在日本东京。

不幸的是，在她10岁的时候父亲离开了人世，因此她的一生主要是受母亲的教育。她的母亲这样对她说：“别人为你纠正100个问题，99个是错的，只有1个是对的，你就要心存感恩。如果别人拒绝了你100次，只给了你1次机会，你也要抱着感恩的心态。”

柴田和子进入保险行业并不是很早。33岁那年，柴田和子已经有了2个孩子，这时才在别人的建议下进入这个行业。

到保险公司上班的第1天，主管交给她一项任务，就是把她熟悉的人写出来，至少要写300位。

这下子难住了柴田和子，因为在此之前，她是个非常普通的家庭妇女，很少在外面交际。根本就写不出300个熟人的名字。没办法，她只能胡编乱造，连死去的爷爷和未出生的孩子的名字都写了上去。

写完这300人的名单后，主管什么事都不干，天天盯着她，让她给这300人打电话，天天追问她进度如何。

柴田和子不得不天天写明信片："我正在以感恩的目光望着你。你收到明信片的时刻，正是我以感恩之情为你祝福的时刻。我的昨天和今天是你们给予的，在此致以真诚的感谢。为了给我1次学习机会，请你赐见。"

结果出乎意料之外，在这些名单中，她签下了87份保单。

事情还没有结束，柴田和子又给签了保单的客户挨个写起了感恩信。收到感恩信的客户，又介绍了4倍以上的客户来向她购买保险。你不敢想像，第2个月，柴田和子居然签下了3000万日元的保险。

从事保险销售10年后，也就是1979年，柴田和子成为全日本的销售冠军。从这一年起，她连续14年荣登榜首。1991年，柴田和子一年的收入就达到3亿人民币。

柴田和子把自己的成功总结为两个字——感恩。每一年的感恩节这天，她都会为自己的客户送去一只火鸡。因此人们送给她一个绰号——"火鸡太太"。

柴田和子正是抱着一颗真诚的感恩之心，以心换心，才取得了这样的成功。她让客户看到了她的真诚，客户也以同样的真诚报答了她。她动用了很多技巧吗？没有，除了一颗真诚的感恩之心外，再也没有什么了。

并不只是对于那些给你带来业绩的客户才需要感恩，事实上，你需要——

感谢爱你的人，因为她给了你幸福；

感谢帮助你的人，因为他给了你温暖；

感谢伤害你的人，因为他磨练了你的意志；

感谢欺骗你的人，因为他增长了你的见识；

感谢遗弃你的人，因为他教导你自立自强；

感谢绊倒你的人，因为他强化了你的能力；

感谢斥责你的人，因为他增长了你的智慧；

感谢藐视你的人，因为他唤醒了你的自尊；

感谢你的敌人，因为他让你认识到自己并看清别人；

感谢伤痛，因为它让你学会了坚忍并重建了幸福观。

有些销售员虽心存感恩之情，却不知如何表达。这也是一大缺陷，必须予以改正。那么如何才能将感恩之情妥贴地表达出来呢？我认为大家要做到以下三点：

首先，在讲话中要时常用“谢谢”二字，真诚地感谢客户给你的机会；其次，在沟通过程中，要给对方说话的机会，然后站在对方的立场上思考问题；三是要有看得见摸得着的“实物”表示感恩，例如写封信，送个小礼品等。

还是举个身边的例子来说吧。这故事的主人公叫吴颖，是我一位学员的朋友，她很有灵性，在销售保险这条道路上，似乎没有遇到很大的障碍。她是怎样实现这一切的呢？

吴颖21岁来到南京时，第一份工作就选择了保险销售员。因为当时年龄小，对工作没有多想，也没有考虑保险销售是否难做。

但是她现在是江苏分公司非常优秀的销售员。当别人询问她成功的秘诀时，她总是说：“没有什么，我也没有想那么多，只是记住要抱着感恩的心态工作就是了。”

在分享成功经验时，吴颖讲了自己的感恩行动——“三次感谢”。

第一次感谢——每天回到家里时，我都要给当天见到的客户挨个儿打电话，表示感谢。包括那些没有从我这里购买保险的人。

第二次感谢——过五天以后，我分别给那些我见到的客户写封感恩信。

第三次感谢——找个双方都合适的机会，登门致谢。

她说："不能说人家买了你的保险你不感恩人家吧。那些没有买你保险的人，你也要感谢，毕竟人家在工作繁忙之际给了你见面的机会。"

吴颖的成功经验太简单了，简单得让人难以置信，但她讲的却都是实实在在的真理。只要你懂得感恩，并且将它们付诸行动，你就会大有收获，就能轻松地驾驭你的销售工作。

像柴田和子和吴颖那样认真对待自己的客户，敬畏之情就会从内心深处油然而生，从而让客户真切体验到我们的敬畏不是虚情假意，而是实实在在的发自内心的感恩。

这种感恩不是无中生有，而是有所依附。但是这种依附绝对不是建立在赤裸裸的金钱之上，而是建立在现实的活生生的和客户情感沟通的土壤中。只有这样，才能博得客户对我们的认可。

事实也确实如此，如果没有客户，我们销售员肯定一个个都要喝西北风了。是客户给了我们学习的机会，提供我们一个成长的平台。我们的成功，与他们的支持和配合密不可分。

有一家企业，我走进他们的公司，看到一个令人震撼的场面：他们把自己的客户名字及客户照片都贴在墙上，天天对着他们三鞠躬，以表达感恩之情。我还见过一家公司，对于来到本公司的所有客户都是三鞠躬，以表达对客户的感恩之情。

感恩，不只是为了获得客户的进一步认可，也不仅仅只是为了销售，重要的是能够促进销售员心态的成长。常怀感恩之心，你的内心就不会感到孤单。常怀感恩之心，你就会变得富有爱心，感到人性的温暖。常怀感恩之心，你的心智会变得更加成熟，为人更加和善，人际关系也会变得更融洽。反过来，这种心灵的成长也会促进你的销售。

第四章

销售是从被拒绝开始的

客户为什么会拒绝？

如何面对客户的拒绝？

你真的尽力而为了吗？

真正的销售，是从被拒绝开始的。

聪明的销售员深信：客户口里的“不”，其实不是最后通牒。客户之所以拒绝，用原一平的话来说：“一是在向销售员发出求救——帮帮我，请给我更充足的理由，好让我下定决心购买你的产品！二是用来讨价还价的理由。”

销售员无须害怕客户拒绝，只要听懂了客户拒绝背后的潜台词，再想办法化解客户的不信任感，就可以顺利实现成交。

越是难缠的准客户，他的购买力就越强。

——原一平

说“不”的客户，正需要你的帮忙

“不”这个字，相信所有销售员都不愿意听到。不过正是因为客户说“不”，才有机会让那些优秀的销售员脱颖而出。

“不”有很多种表现形式，有口头的，也有行动上的。聪明的销售员都知道，客户口中的“不”，多数时候隐含的潜台词是：我还有疑问，并未被说服。这样的客户，其实潜意识中正在渴求销售员的帮助。

对方说“不”，有可能是基于某种异议或有所保留。他不想将自己的真实想法确切地表达出来，所以在情急之间就会脱口而出：“不!”这样的客户，正需要销售员的帮忙。

说“不”的另一种原因是：有些客户是心理上懒于面对新思想或新契机，他们的座右铭是：“我们一向是这么做的!”这样的客户，正需要销售员给他们带来一些改变。

所以说，“不”这个字，绝对不代表最终的决定，而是客户当时所能抓到的最强有力的借口。你一定要明白，任何异议和托词，基本上都是客户在向销售员发出求救的信号!

富有创造性的销售员，对于客户异议大都抱有积极的态度，他们把异议视为对自己的挑战，视为施展自己才能的机会。他们能够从客户的异议中，判断出客户是否真的需要这些商品，并摸清客户对自己建议的接受程度，从而迅速修正自己的销售战术。

客户异议是销售障碍，但它又是探查目标客户内心反应的路标。客户异议是销售过程的一个组成部分，它不但是本该料到的，而且是销售过程中的正常现象。销售员要欢迎客户提出异议，并以冷静、豁达的态度对待异议。

事实上，异议有助于销售。最难销售的客户，是那些对商品毫无兴趣的“哑巴”。面对商品和销售员，他们一言不发，销售员只能心急火燎地等待对方露出一点蛛丝马迹，以判断销售效果和对方的内心想法。

真诚地提出异议的客户实际上是在帮助你，向你指明你距离成交还有多远。他们同时也向你提供了更有价值的信息，即除了前期准备的资料之外，你还需要掌握哪些有利于成交的情况。实际工作中，销售员需要对异议作认真分析，分析异议的确切意图何在，异议产生的原因，从而对症下药，给予恰当的处理。

归纳起来，客户说“不”有如下一些原因。

一、需求

客户认为自己不需要——注意，是“客户认为”。这往往是在销售员向客户介绍完产品之后，客户即时的反应。例如，一位女客户提出：“我的面部皮肤很好，就像小孩一样，根本不需要用护肤品。”或：“这种产品我们用不上。”以及：“我们已经有了。”这类异议有真有假，只有真实的需求异议才是成交的直接障碍。

销售员如果发现客户真的不需要产品，那么应该立即停止销售。虚假的需求异议只是客户拒绝的一种借口，也可能是客户没有认识或不能认识自己的需求。销售员应认真判断客户需求异议的真伪性，对于虚假的需求异议，要设法让客户觉得产品提供的利益和服务符合自己的需求，使之动心，然后再进行销售。

二、财力

通俗地说，就是钱不够，预算不够。财力有限，有时候客户并不会明确地说出来；直接表明自己钱不够的，也不见得真的没钱。这就要求销售员要有极强的察言观色本领，善于当场辨别真伪。

一般来说，对于销售额较大的业务，销售员在寻找客户的阶段就应该进行甄别、筛选。真实的财力异议处置起来较为复杂，销售员可根据具体情况，或协助对方解决支付能力问题，如答应赊销、延期（分期）付款等，或通过说服使客户觉得购买机会难得，然后以负债的形式购买。

对于作为借口的异议，销售员应该在了解真实原因后再有的放矢。

三、权力

“拜”了半天，才知道自己“拜错了菩萨”：这个我做不了主，领导不在……没有什么比这个托词更让人沮丧的了。

与需求异议和财力异议一样，权力异议也有真实或虚假之分。如果真的拜错了“佛”，销售员除了想办法找到那尊“真佛”外，还需要反省自己的工作方法。在寻找目标客户时，销售员对客户的决策权应该进行仔细分析，找准决策人。面对没有决策权的人极力销售商品，这是销售工作的严重失误，属于无效推销。

四、价格

无论产品的价格怎么样，总有些人会说价格太高、不合理或者比竞争者的价格高。例如，“太贵了，我买不起”“我想买一种便宜的型号”“我不打算投资那么多，我只使用很短的时间”，以及“我想等降价了再买”，等等。

当客户提出价格异议时，表明他们对产品有购买意向，只是对产品价格不满意。当然，也不排除有些客户以价格高作为拒绝的借口。

在实际销售工作中，价格异议是最常见的，销售员如果无法处理这类异议，就难以达成交易。

五、产品

产品异议是指客户认为产品本身不能满足自己的需要而形成的一种反

对意见。例如："我不喜欢这种颜色""这个产品造型太古板""新产品质量都不太稳定"，还有客户会对产品设计、功能、结构、样式、型号等提出异议。

产品异议表明客户对产品有了一定的认识，但了解还不够深入，担心这种产品能否真正满足自己的需要，因此虽然有较为充分的购买条件，客户就是不愿意购买。在这种情况下，销售员一定要充分掌握产品知识，准确、详细地向客户介绍产品的使用价值及利益，一步步消除客户的异议。

六、销售员

有些客户不肯购买推销产品，只是因为对某个销售员不"感冒"：不喜欢这个销售员，所以排斥这个销售员的建议。

之所以出现这种情况，原因之一是客户有自己认可的销售员。比如客户可能会说："我要买老王的。"这种状况下，销售员对客户应以诚相待，与客户多进行感情交流，做客户的知心朋友，消除异议，争取取得客户的谅解和合作。

另外一个原因是销售员的表现没有获得客户认可，客户不喜欢或不信任该销售员。这时销售员应该多反省自己的行为，同时分析客户的喜好，尽量用言辞与行动去博得客户的"芳心"。

七、货源

有时候客户会说，"我用的是某某公司的产品""我们有固定的进货渠道""买国外大品牌的产品才放心"，等等。客户提出货源异议，表明客户愿意购买产品，只是不愿向眼下这位销售员及其所代表的公司购买。

当然，有些客户是利用货源异议来与销售员讨价还价，甚至利用货源异议来拒绝销售员的接近。销售员应认真分析货源异议的真正原因，然后利用恰当的方法来处理货源异议。

八、时间

客户不愿意马上做出决定。"让我再想一想，过几天再答复你"，或者"我们需要研究研究，有消息时再通知你"。

事实上，许多客户用拖延来代替说"不"，可能是因为价格、产品质量或其他方面不合适。有些客户还利用购买时间异议来拒绝销售员的接近和面谈。因此面对客户异议，销售员要具体分析，有的放矢，认真处理。

最后，笔者要提醒你的是：在你遭遇拒绝时，你的情绪一定会很低落，但是你一定要振作精神。不要幻想对方会同情你，你的那副尊容与其说会使对方同情，倒不如说会使对方小看你。

买卖不成仁义在，道别是很重要的表示仁义的手段。千万不要翻脸，应保持原来的那副和蔼可亲的表情，一边收拾整理资料，一边再说上几句恭维对方的话。这样一来，你那稳重从容的态度会给对方留下良好的印象。

告别时不妨恭敬地说，“在您百忙之中打扰您，真不好意思”“下次还请您多多关照”之类的话，和对方握手道别。离开接待室的路上，遇见其他员工也要一边点头告别，一边说“打扰了”“再见”等客气话。

通过客户的拒绝，你明白即使挖空心思地用和蔼可亲的语调与对方会谈，也可能空手而归。当你走出客户的大门时，大概会痛感现实的残酷吧？不过不要灰心，因为今天的失败，有可能为明天的胜利播下了种子。

佛学里常说，“当下即是”。意思是说，“当下”的事物都是难能可贵的。人应该对任何事物都存有感激的心情。只要培养出这种心态，就能开发出难能可贵的智慧来。销售员被客户“无情”地拒绝，就应以“当下”的精神去感悟。

既然眼前的所有事物都是难得的，那么对方说“我不买你的东西”，这句话也是难能可贵的。另外，能与对方见面，本来就是可贵的！

向一个连橘子都吝于与人分享的人说谢谢，会使对方感到心情愉快，也许他就会分给你一个橘子。当你接受他的橘子时，以得到十个橘子的感激之情向他致谢，也许他会再给你一个！

人总是对于别人诚恳的谢意感到受之有愧，总是要想办法回馈给对方。所以“心存感谢之情”，是遭受客户拒绝时一个专业销售员所应该持有的心态。

忍耐和坚持虽是痛苦的事情，但却能渐渐地为你带来好处。

——奥维德

换个角度看，每次拜访都有收获

在一次销售业界的大会上，一名销售员算了一笔帐，说明了销售这个行业“成功在于坚持”的道理。

这个销售员是卖别墅的，他每年要打36000个电话。

打这么多电话，不是每一次都有人接，大致有28800个会接听。

这么多人接电话，不是每一个人都愿意听他说下去，这里面约有11500个人会听他讲。

在这么多听他讲的人中，大多数人是敷衍着听，不一定是真正有兴趣的，这里面约有4500个人是真正有兴趣的。

这4500个人尽管有兴趣，但大部分人是不愿意付诸行动的，约有1700个人会答应有时间来看看别墅。

答应并不等于去做，真正来看别墅的只有800人左右。

看完别墅后，约有400人答应考虑一下。考虑了一段时间，又有200人会失去联系、不接电话或干脆将来电拉进黑名单。

进行第二轮面谈的人不到100个，谈完后大约有30个人表现出购买意向。

这难道就是结果吗？不！成交才算成功。最后成交的也就是 15 个人左右。

最后他说："我每年赚到 200 多万元钱，这些钱是我坚持的结果。面对着大量的失败和拒绝，坚持就是胜利。如果没有坚持的精神，趁早别干销售这行。

"坚持，不是白白地坚持。难道我打的每一个电话都没有收益吗？有！按照每年收入 200 万元计算，我一年打 36000 个陌生电话，相当于每次平均赚了 55.55 元。"

从以上例子可以看出，每一次"失败"的推销，其实都是有价值的。你今天拜访 10 个人，做成 1 单生意赚了 100 元钱，你的钱并非来自于那一个人，而是全部的人。这是销售员计算成本和利润的正确方法。

除了从利润的角度来看待"失败"的推销。从学习的角度来看，"失败"的推销也是受益无穷。就像爱迪生发明灯泡，尝试了 700 次才成功，但是他说："我不是失败了 700 次，而是成功地学习了 700 次错误的方法。惟有排除错误的方法，我才能找到成功的方法。"

失败是成功之母，是因为每一次失败都是一次学习与改进的机会。当你推销失利，首先要做的并不是哀怨，而是寻找失利的原因，客观地分析原因何在。要考虑自身、环境等多方面因素，自己不足的要改正，环境不足的要继续创造条件。

一名成功的销售员，之所以能够获得成功，关键在于坚持不懈的精神。如果遇到失败，遇到挫折，遇到拒绝就退缩、恐惧、放弃，怎么能有成功的机会呢？再说，那些轻松得到的客户，往往没有太大的价值。那些难以攻克的客户，往往是最优秀、最有价值的客户。

没有商品这样的东西。客户真正购买的不是商品，而是解决问题的办法。

——特德·莱维特

没有卖不出去的豆子，只有不会卖豆子的人

犹太人有一句经典的话语：“没有卖不出去的豆子，只有不会卖豆子的人。”

> 卖豆子，一次卖不出去，两次；两次不行，三次；三次不行，四次……
>
> 还是卖不出去，怎么办？就把豆子拿回来，放在水里，让它长成豆芽，然后再拿出去卖。
>
> 卖豆芽，一次卖不出去，两次；两次不行，三次；三次不行，四次……
>
> 豆芽卖不出去，就让它长成豆苗……
>
> 豆苗卖不出去，就让它再长大些，移入盆景……

在销售的过程中，一要不断地变换方法。这套方案不行，再换一套，根据情况不断地调整行动。二要坚持不懈。方法千变万化，但目标不能变，决心不能变。

一名优秀的销售员，“碰到南墙便转头”式的变通，是其一项必备的品质，但转头是技术性的转，大方向还是要坚持不懈。

美国的威廉·詹姆士是一位伟大的哲学家。他曾经说过：“当我们失败了之后，不只是重整旗鼓，更重要的是坚持行动，做第三次、第四次、第五次、第六次……第 N 次的强烈冲锋。”

下面我要讲的故事，故事中的主人公差一点就坚持不下去了，好在他最终坚持了下来。

约翰·基米是美国一家人寿保险公司的销售员。

当初他花 65 美元到市场上买了一辆脚踏车，早出晚归，到处骑着卖保险。

白天忙了一天，晚上回到家里，无论约翰·基米多么疲倦，仍旧挨个写信给自己白天访问过的客户，信中的内容情真意切，朴实感人。

两个月过去了，他连一笔业务也没有成交，业绩为零。上司为他着急，催着他赶快完成任务。那一段时间，他连晚饭也吃不下去，有一种强烈的挫败感。看着美丽可爱的妻子，约翰·基米感觉到内心有愧，对不起她。

他流着眼泪对妻子说：“我应该多卖保险，多挣些钱，让你过上好一点的日子。我也努力了，为什么没有回报？”

约翰·基米在自己的日记中，流露出了悲观的情绪：

“过去，我总认为一个人只要态度认真，勤奋工作，成功就是自然而然的事情，现在看来我错了。有多少人知道呀？我不辞劳苦地跑了 68 天，好话说得堆成了小山，口水足可以积成河，可是连一个客户也不认同。这一行太难了，我还是改行吧。”

妻子知道他的苦闷，便问他：“你的日记我可以看一下吗？我知道，你越是在痛苦之中，越是不想说话。”

看完约翰·基米的日记后，妻子温柔而又坚定地说：“在这个世界上，没有一名成功者是天生的成功者，他们都要走一段艰难曲折的道路。我想，你现在的境况，是成功之前的演练。现在正是考验你的时候，也是磨炼你的时候。只要你坚持下去，成功迟早会出现。你只不过需要调整一下方法罢了，前进吧！”

约翰·基米听从妻子的劝告，开始了新的冲刺。

约翰·基米之前曾经去过一所小学，他想说服小学校长让学生集体投保。这位校长一提起保险来就没有好脸色，不愿多说，约翰·基米去了多次都没有什么结果。

这一次，约翰·基米改变了方法。他带上一摞子案例，这些案例真实生动地展示了附近学校在他们公司参保带来的收益。见到校长，他二话不说，先让人家看。

这位校长终于被打动了，答应让全校学生集体投保。这是他的第一单生意。此后他成为了美国杰出的销售员。

我们不是常说“能耐”吗？什么叫能耐？有耐心、能坚持的人，才算是有能耐。倘若约翰·基米在关键时刻放弃了努力，也就不会有后来历史性的转折点——让一个小学的全校学生集体投保。

到了穷途末路的时候，穷则思变，你就会很自然地改变策略和方法，突破自己和前人的路数，创造出新的销售模式来，从而走向成功。这就是所谓的挖掘潜能，也是坚持到底的意义所在。

向一般人学习，就会变成一般人；向成功者学习，才能成为成功者。为什么？因为成功者与一般人在思维方式和行动方法上存在区别。一般人做的事情，成功者不做。反过来说，成功者做的事情，一般人也不做。

一般人对失败的理解是错误的。一般人所说的失败，不过是由于信息不对称、方法不到位等原因，暂时没有做成功罢了。只要调整一下方法，坚持下去，成功就会如期而至。

没有卖不出去的产品，只有不会卖产品的人——不知道调整和改变，动辄就放弃，这种人就属于“不会卖产品的人”。

当你的销售工作遇到困难的时候，你就告诉自己“下次一定能够成功”，决不放弃！如果你找到了客户的真实需求，那么成功就会出现在拐弯处。

成功的人之所以成功，不是比人家聪明，而是因为他们的坚持不懈。

——乔·吉拉德

选择做销售是幸运，坚持下去才是成功

什么样的人适合做销售？

有人说，热情开朗、善于交际的人适合做销售；有人说，亲和力强、善于沟通的人适合做销售；有人说，会说话、表达能力出色的人适合做销售……

哈佛大学商学院根据对全美前100位销售大师的性格分析，得出这样的结论：成功的销售员，什么样性格的都有，但他们有一个共性，那就是具有坚持到底的精神。

曾有记者问日本经营之神松下幸之助："松下先生，您经常强调要在失望中坚持到底，可是如果面临必死的绝望又该怎么办呢？"

"那就抱持必死的绝望坚持到底！"

松下幸之助的回答，让人感受到日本人惯有的坚韧与毅力。即使一切无可挽回，也决不放弃争取。

很多事，并非看到了希望才去坚持，而是因为坚持了才能看到希望。作为销售员，聪明人有聪明人的销售方式，笨人有笨人的成交方法。销售中没有行与不行，只有做与不做。坚持到最后的，一定是胜利者！

乔·吉拉德说过这样一段发人深省的话："成功的人并没有神秘的地方，有时候也是被逼出来的。我这么说，大多数人都会承认。他们之所以成功，不是比人家聪明，而是因为他们的坚持不懈。"乔·吉拉德之所以在销售界声名显赫，也是坚持不懈的结果。

一位青年刚开始做汽车销售时，老板给了他一个月的试用期，要他在这个月里至少销售出去一台车。

谁知道29天过去了，这位工作非常努力的青年的业绩还是零。最后一天下班时，老板找他要拿回汽车钥匙，要他明天不必来公司了。可是这位青年坚持说，"还没有到晚上12时，我还有机会。"

正是那天夜里，这位青年成功地销售出去了第一辆车，他因此得到了正式的销售员职位。

这位青年，后来被誉为世界上最伟大的销售员——乔·吉拉德。

命运在最后一刻逆转，人人都喜欢读这种传奇。事实上，乔·吉拉德在最后一天有没有卖出一辆车不要紧，关键的是他那种到了最后关头也决不放弃的精神。具备了这种精神，即便他因为业绩为零而被汽车店扫地出门，相信他会再找一份类似的销售工作，重新开始，不断坚持，直至成功。

就像烧一壶水，从常温到99摄氏度，依然是不能喝的生水，惟有再添一把柴，将水烧到100摄氏度才算成功。而如果你没有坚持，烧到99摄氏度之前的所有努力都白费了！

我的一位朋友陈先生，是海南一家外企的销售经理。他从一名普通的销售员做起，一直做到现在这个位置上。他说："10年前，大学毕业那会儿，我并没有什么清晰的择业目标，是我的一个同学介绍我到这家外企当销售员的。那时候，我总认为自己能说会道就行了。其实会说不是最主要的，关键在于坚持。

"大致是做到了第九个月，我一下子挣了几万元的提成。在这之前，我一分钱提成也没有挣到。就这一笔生意，让我之前的挫败感全部消失了。

“我想，要不是我当初坚持下来，恐怕这辈子与这行无缘了。我有个心得——选择销售，你是幸运的；坚持销售，你才是成功的！”

下面是陈先生的自我陈述，从中可以看出他的成长轨迹。

凡是做过销售工作的人都清楚，销售是一种富有挑战性，也是一种让人非常无奈的工作。

刚开始做的时候，没有客户资源，只能按照公司提供的电话名单疯狂地打电话。好不容易见了客户，又不知道如何沟通才能激发客户的兴趣。一连几个月，只拿几百块钱的底薪。同事们纷纷离开了。

我们一块来的共有58个人，到四五个月后只有5个人了。我也多次产生退缩的念头：“坚持是一种品质，挺高尚的。可是一味地无望地坚持就是对的吗？不是有人说，找准了位置才能跑得更快吗？我是不是该放弃？我是不是应该另寻新路？……”

心理上与经济上的巨大压力，让我透不过气来，那段时间我郁闷极了。

那天我们公司的销售冠军，也是副总监，把我叫了去。

他一开口就问我：“你认为销售这行难不难干？”

我没有回答，因为我找不到合适的答案。

“销售这行，不是人干的活，是人才干的活。你可能认为，销售这行很难干。但是你看我们公司的精英团队，个个都是销售高手。他们有男有女，你看看，你觉得你与他们有什么差别吗？”

副总监是南京大学毕业的高材生，口才极好，也极富感染力，他继续说道：“你，和他们这些人，是没有差别的。人与人之间是没有办法分类的，为什么？因为人与人之间的差别很小，小到无法分门别类。为什么后来人们的差别就那么大呢？这是因为有些人一直在坚持，在奔跑，在完善自己；有些人在犹豫，在找借口，在逃避。现实就是这样，是不是？你看，同一个起跑线，有些人已经出类拔萃，有的人还在迷茫……”

这一课上得非常生动和及时，正这些话，让我最终坚持了下来。

事后我在自己的日记上写道："什么是英雄？英雄都是流过血、出过汗的人呀！就算是想当爷爷，也得坚持先当一段时间孙子。"

正是在他的上级启发之下，陈先生认识到了坚持的重要性，才在销售这个行业坚持了下来，直到成功的那一天。这正印证了他的那句话："坚持销售，你才会成功！"努力不一定成功，但放弃一定失败。保持耐心，坚持到最后一刻，你就是赢家。

只要你多走一步，就缩短了一步与成功的距离。你的任务就是坚持，就是再多走一步。

——萧伯纳

坚持到质变的临界点，就能创造销售奇迹

一家专业调查公司通过调查保险销售，得出这样一组数据：

80%的订单，都是通过5次或5次以上的拜访达成的。

48%的销售员，在第1次拜访遭遇挫折之后放弃了跟进。

25%的销售员，在第2次拜访遭受挫折之后放弃了跟进。

12%的销售员，在第3次拜访遭到挫折之后放弃了跟进。

5%的销售员，在第4次拜访碰到挫折之后放弃了跟进。

也就是说，只有10%的保险业务员坚持了第5次（或更多）拜访。正是这10%的业务员成交的单子，占据了保险业全部业务量的80%！

保险业如此，其他行业的销售相信也差不太多。曾经有人向原一平讨教成功的秘诀，原一平这样说：“销售是没有秘诀的，也是没有捷径的。如果说有的话，我的答案就是坚持。开发每一个客户跑上两三次不行，就跑上十次甚至二十次、三十次。第N次都没有成功，可能你要放弃了，但是第N+1次就可能成功。你不能只看到客户拒绝了你，在这拒绝之下，客户对你的认知和熟悉程度都会发生变化。这是成交的必经之路。”

乔·吉拉德也说过类似的话。在上海的一场讲演中，他说："成功的销售员与一般的销售员有什么不同之处？当人家都放弃了的时候，那些成功的销售员还在坚持。坚持到了临界点，终于成交了——这就是成功！如此简单，不需要过多解释。"

有一位销售大师因为年事已高，即将退隐江湖。社会各界热心邀请他做一个告别演说。

到了这一天，城中最大的体育馆里座无虚席。人们交头接耳，焦急地盼望销售大师出现，亲耳聆听他那精彩的演讲。

大幕徐徐拉开，观众发现台上搭起了一个高大的铁架子，上面吊着一个巨大的铁球。铁球正好位于舞台的正中央。

一位老人出现了，掌声如潮水般此起彼伏。

演讲之前，都喜欢先卖个关子——这已经是常事儿了。可是这个老头儿到底唱的哪一出？人们兴奋而又疑惑地望着他。

这时两个人抬来一个大铁锤，放在了老人的跟前。

主持人发话了，对着台下观众说："请两名身强力壮的人上台来。"

好多人都站了起来，两个手脚快的人已经跑到了台上。

老人说："请你们抡起来这个大铁锤，撞击这个大铁球，直到它摇荡起来为止。"

一个年轻人抡起大铁锤，用力撞击铁球，想把它撞得摇晃起来。哐——一声巨大的声响，大铁球纹丝不动。"我就不服气了，我一定要撞动你。"他接二连三地撞击，铁球仍然一动不动。不一会儿，年轻人累得汗水淋漓，气喘吁吁。

"真是笨蛋，一边去，我来！"另一个年轻人将前一个年轻人推到一边，抡起来大铁锤，把铁球撞得哐哐响，可是铁球仍然没有动一下。他不服气，不停地撞击，不一会儿便累得浑身瘫软。

第二个年轻人摇摇头，一边擦汗，一边说："没办法，没办法……"

台下没了响声，观众感觉反正谁也撞不动，就等着老人出来给一个说法吧。

老人从口袋里掏出一把小锤，就如同家庭平时用的小勺那样大小，“咚”敲了一下。老人不紧不慢，停顿一下，又敲了一下……

观众奇怪地看着老人，觉得他真是个笨蛋，当着这么多人的面，敲这干啥？反正也敲不动。光听这个响声有啥意思？

老人好像是没事人一样，“咚”地敲了一下，然后停下来，继续不停地做下去……

10 分钟过去了……

15 分钟过去了……

20 分钟过去了……

人们再也耐不住性子，开始出现骚动。

有的出言不逊：“这不是骗人吗？说好的是一场演讲，怎么没事儿在这儿撞球？”

“没意思，没意思，赶快走，耽误睡觉。”

……

各种声音，各种动作，都在表达愤怒的情绪，会场已经大乱。主持人不时地对观众说：“请保持安静，谢谢配合。”

会场里不少人已经离场，抬眼一看，就能看到座椅有大片大片的空缺。

该走的走了，该骂的也骂累了，会场安静了下来。

主办方一伙子人也在紧急磋商如何给观众一个交代。太丢人了，组织的什么演讲？

已经敲了 40 分钟了。坐在前排的一个美女突然尖叫：“球动了！快看！”

“真的？”

“真的！”

“我也看见了，动了，动了……”

一时间，会场寂静得能听到心跳声，全场的目光都聚集在那个铁球上。

那球开始是以很小的摆度晃动起来，只有前排的人能够察觉。

老人仍然一小锤一小锤地敲打着，铁球在一锤一锤的敲打中越荡越高，越荡越高，最后扯动得铁架子“哐当、哐当”地直响。这种巨大的声响，震撼着每一位在场听众的心灵。

会场上爆发出一阵雷鸣般的掌声。

主持人面向观众说：“演讲正式开始了，希望大家珍惜这个难得的机会。”

老人接过话筒，向观众向鞠了一躬，淡淡地说：

“你们表示惊叹，只需要一分钟；而创造令人惊叹的事业，却需要一生的坚持。许多有才能的人、许多聪明的人之所以不能成功，许多平常人认为的笨蛋之所以能够成事，关键就在于是否具有坚持不懈的精神。只要没有达到临界点，丝毫的动摇都会让你功亏一篑。我的演讲结束了，谢谢大家！”

身强力壮的小伙用大铁锤也无法撼动的铁球，这个老人用小锤子敲击，居然使其动了起来。其中的物理学原理并不复杂，老人的每一次敲击，其实都使铁球发生了细微的位移，只不过肉眼无法捕捉而已。只要他卡准了铁球的振荡频率，N次敲击的力量逐渐叠加，铁球的摆动幅度就会逐渐加大，直至肉眼能够看到——从量变到质变。如果给他足够的时间，铁球的摆动幅度可以更大。

这其实就是“坚持到临界点”销售理论。那些没能坚持到最后的观众，失去了一个很好的得到启迪的机会。销售大师这场表演貌似“枯燥”，但实则奥妙无穷，形象地揭示了他成功的秘诀。

销售的成功也和其他任何行业的成功一样，它是有临界点的。这就好比是烧开水，不到100度的临界点，急也是没有用的。销售是一条漫长而又孤苦的路程，不仅需要每天保持巅峰的精神状态，还需要坚持不懈的精神以及自我激励。

尤其是在销售陷入低潮的阶段，如果一个人无法自我调节，就会半途而废。而那些世界级的销售大师，都是坚持下去的典范。我们熟悉的销售大师原一平也不例外。

下面来看一下原一平是如何坚持的吧。

刚刚进入保险业的时候，为了一个大客户，在三年零八个月的时间里，原一平登门70次，次次都没有结果。

第一次，原一平掌握某家公司总经理的信息后，次日就急不可耐地上门销售。

一位面目和善的老人轻轻地打开了门。

“这肯定是总经理的父亲。”原一平这样想。

老人听完原一平的介绍后说：“老总不在家，请改日再来吧。”

“他一般什么时候在家呢？”

“老总事情多，这可说不准。”

原一平还想多了解一些关于总经理的其他问题，老人都以“不清楚”为理由拒绝了。

在接下来的三年多时间里，原一平扑空了70次。

终于有一天，原一平从其他渠道得知：那位拒绝他的老人就是总经理。这时已经距离首次登门三年零八个月了。

此时原一平有一种被人耍弄的感觉：“这个老家伙，哪怕你说明身份，大骂我一顿，不买我的保险也行，凭啥浪费我的时间？”

原一平想教训一下这个老家伙。

他来到那个老人住的那幢高楼，看见他正在楼下掏水沟。

原一平双手抱在胸前，看着老人掏完水沟，没有上前打搅。他点燃了一支烟，怒气渐渐平息。

在原一平点燃第二支烟时，老人已经开始收拾工具了。

原一平掐灭烟，拦住他说：“您好，打扰了，我是明治保险公司的原一平。我想请问一下，总经理在家吗？”

“不好意思，他刚刚出门了。”

原一平气上来了：“你这么一大把年纪，撒起谎来面不改色心不跳！你就是总经理。不想买保险完全可以拒绝，为什么要耍弄我呢？”

“从第一天起，我就知道你是卖保险的。”

“我也是昏了头。如果我第一天就知道你的身份，知道你就是总经理，打死我我也不会用三年零八个月的大好时光，向一个土已经埋到脖子的人销售保险！说句不客气的话，明治保险公司要是都碰上你这号年老体弱的客户，早就关门倒闭了。”

“你如此轻视我！难道我连投保的资格都被剥夺了吗？现在你带我去体检，让你知道我完全有资格投保！”

原一平激起了这个老头子的斗志，心中窃喜，卖起了关子：“在你身上花力气不是枉费心机？即使你全家投保，全公司都来投保，我也还得考虑考虑接不接受！”

“哼，全家就全家，全公司就全公司。我们明天就去！”

事后这位老人说了他这样做的原因：“我们全家和全公司的确都有投保的要求，当时我只是在考验这名销售员的耐心。”

三年零八个月，上门70次，也就是说他平均不到20天要去一次。这得有多大的耐心和韧劲儿啊！

成功与失败的差距，往往只有一步！太多的时候，我们不肯迈出这最后的一步！前面的困难已经让你不堪忍受，此时一个很小的障碍，就让你看得比山还高。其实如果咬紧牙关，多走一步，坚持一下，胜利就在眼前。

萧伯纳说过：“只要你多走一步，就缩短了一步与成功的距离。你的任务就是坚持，就是再多走一步。”如果原一平去了70次，没有第71次再次上门拜访，前面的70次努力就会化作泡影。

销售成功也和人生的其他成功一样，犹如走在一条狭长漆黑的小巷，我们摸索着往前走，不清楚巷子有多长，也看不到前面的光亮，只有到了出口才知道成功了。走在这条寂寞的小巷里，你要有耐心，要告诉自己：每前进一步，就离巷子出口近了一步，离成功也就近了一步。

很多事情总是这样，越到最后，日子越是难熬。可是我们必须明白，越是难熬的日子，离成功越近，越需要耐心。

告诉你使我达到目标的奥秘吧，我唯一的力量就是我的坚持精神。

——巴斯德

屡战屡败是现实，屡败屡战是希望

败并非输，除非你认输。

晚清名臣曾国藩，当年与太平天军对垒，可谓屡战屡败，在江西九江湖口被逼得差点投河自杀。虽然持续战败，但他最终还是赢了。因为他屡败屡战，直至战胜。

只要人还在，就绝不认输出局。只要还在坚持战斗，就有获胜的希望。

人生中能称得上“成功”的，从来都不会让你轻易地获得。屡战屡败是现实，屡败屡战是希望。你是在屡战屡败中放弃，还是在屡败屡战中坚持，这是销售成功的关键要素。

坚持，简单的两个字，却成了成功与失败之间明显的分水岭。从古至今，从国内到国外，“坚持”一直都是很多成功人士的致胜秘笈。有一句话这样说：“成功者绝不放弃，放弃者绝不成功。”颇富哲理的话语，却道出了销售员成功的真谛。

人生没有失败，只有暂时遇到挫折。成功者只是比你早一步到达成功的终点而已。所以只要你不放弃，只要你足够努力，只要你一直在销售行业坚持下去，困难和问题并没有你想像的那么严重。在困难面前我们之所以退却，之所以放弃，就是因为缺乏屡败屡战的狠劲。

除原一平外，日本还有一个著名的销售高手叫高木。他是如何成功的呢？

高木刚刚进入销售行业的时候，每天跑几十家单位。

高木销售的是复印机。当时正是二战之后，世界经济大萧条，复印机不是一般人买得起的，大部分机构也轻易不会买，很多单位连大门都不让他进去。三番五次地进不去门怎么办？高木只得趁公司下班后，到单位主管家里去谈生意。可是大多数主管也不让他进门："在家里不谈业务，你走吧！"然后"哐"一声就把门关上了。

高木往自己手心里写了两个字："坚持！"每次遇到困难就看看手里的这两个字。

一天，高木再次来到一位主管家里，那人说话口气强硬："赶快走吧，没有用，你不要再来了。快走，再不走我就要叫警察了！"

就这样，高木前三个月没有一点业绩，没有挣到一分钱。他所从事的销售工作没有底薪，只靠销售提成，因此他的生活陷入了空前的困难。出门在外的他，连个旅馆也住不起，只能在车站的候车室过夜。

就是在这时候，他仍然不停地看看手心里的那两个字，不停地提醒自己：一定要坚持！

他每天都要打电话给公司，问问有没有人订购复印机，看看自己的辛苦有没有回报。公司值班人员总是有气无力地回答："没有。"

这一天，高木连吃早点的钱也没有，真正到了山穷水尽的时候了。他再一次打电话给公司，看自己的努力有没有结果。

"唉呀呀，唉呀呀，高木呀，出大事了。"电话那头传来值班员尖叫的声音。

高木不耐烦了："快说吧，到底出了什么事呀？"

"有一家证券公司有个大单，要你立即与他们联系一下。"

成交了！这家公司一次性购买了 8 台复印机，总价款是 108 万日元。仅此一单生意，高木得到了 19 万日元的报酬。这是高木的第一单生意。

高木不仅是个销售高手，还爱写书。在书中，他这样写："不要只在山脚下转来转去，这是没有意志的表现。尽自己的体力攀登，不要停，不要急，走一步是一步，坚持下去。有此理想，即使水平不是很好，最终也能到达山顶。"

如果高木当初不能顽强地跟踪那些客户，不能"赖着脸"和他们说好话，而是被客户表面生硬的拒绝吓倒，也就没有了他成功的第一单。

人心都是肉长的，只要你与客户长久地保持亲密沟通，最终就是铁石心肠也会被打动的。所以只要你能够一直坚持下去，你成功的几率就会大大增加。

乔·吉拉德的父亲为乔·吉拉德算过一回账：假如你找十个人去卖东西，这中间只有一个人会答应购买。如果你找了三个人，他们不答应你就停止了销售，那么这三次就等于一分钱没挣。如果你坚持到了第十次，卖出去了十块钱，那么就等于一次挣了一块钱。这就是销售的真谛。明白了这个道理，你就知道了为什么要屡败屡战。

历史只为成功者留名，不会为失败者买单。英国著名首相丘吉尔在人生的最后一次演讲中，只说了这样八个字："坚持不懈，永不放弃!"这八个字，换来了雷鸣般的掌声。

世上没有绝望的处境，只有对处境绝望的人。如果自己心中没有希望，不相信自己，不相信客户，不相信未来，就真的永远没有希望了。

生活的道路一旦选定，就要勇敢地走到底，决不回头。

——左拉

尽力而为是不够的，要全力以赴

在生活中，我经常碰到这样一些人，他们不全是销售员，还有从事其他行业的。他们总是这样说："我已经尽力而为，但还是没有成功。"

因为职业的缘故，我往往喜欢进行一番调查。结果我发现，对大多数人来说，事实并不是像他们说的那样"已经尽力"——还有许多潜力可挖。

这些人一碰到困难，觉得目标不可能实现，于是就说："没有办法呀，我已经尽力而为了。"其实哪里是没有办法了呢？他们只是被某些困难吓倒了而已，并没有全力以赴。他们哪里知道，只要全力以赴，绝大多数困难是可以战胜的，因为方法总比问题多。

实际上，"全力以赴"与"尽力而为"之间是有差别的。尽力而为的人，比比皆是。因为从很大程度上来讲，"尽力而为"只是个人的自我感觉，含有很多自我原谅、自我安慰的成分，让惰性有很大的滋生空间。习惯这样思维的人，如何会竭尽全力做事呢？又如何能够比别人做得更出色呢？

"全力以赴"就不同了。在心理上，它不给人留有丝毫偷懒的余地。

它会不断地告诫你，只要你还没有累得趴下，你就没有“全力以赴”。只有全力以赴的人，才能够出人头地，成为人中翘楚。

“尽力而为”与“全力以赴”，成败之间，有时就差那么一点点。下面有一则有趣的寓言，可以作为佐证。

一只兔子正悠闲自得地在河边吃草。

猎人在河对岸看见了这只兔子，急忙隐身在草丛中，瞄准兔子扣动了扳机……

嘭！枪声响了。

这一枪打中了兔子的后腿。兔子拖着血淋淋的后腿拼命奔跑。

猎狗在猎人的催促下，飞奔着趟过河水去追赶那只后腿受伤的兔子。

可猎狗追着追着，不见了兔子的踪影。

猎狗一副很失落的样子，回到猎人身旁。猎人破口大骂：“上次的猎狗比赛，你是长跑冠军，我才选你来。没想到你这么没用，连一只受伤的兔子都赶不上！”

猎狗气鼓鼓地辩解：“我问心无愧，因为我已经尽力而为了！毕竟兔子跑在我的前边，我们在起点上就是不公平的。”

那只受伤的兔子跑回洞里，大伙惊讶地问它：“追你的那只猎狗是长跑冠军，你是怎么逃生的？”

兔子脸上洋溢着喜悦，解释道：“猎狗是尽力而为，可我是全力以赴！猎狗没追上我，顶多挨上一顿骂，我若不全力以赴地奔跑，命就保不住呀！”

每个人都有无限的潜能，但是如果都用“尽力而为”作为借口的话，你就会停止进一步的行动，像猎狗一样，连容易的事情也做不好。只有把自己置身于一种危机状态，像兔子一样为生存拼命，你就懂得什么叫“全力以赴”了。也只有这时，你的潜能才能得到充分发挥。

当你在销售中遭到一次又一次的拒绝、打击乃至伤害，你是那只全力以赴的兔子，还是那只尽力而为的猎狗？

如果我们真要把销售当成一项事业去追求，就应该全力以赴，不达目的决不收兵。全力以赴之下，在你已经达到极限即将放弃的时候，往往会陡然诞生出一个好主意，出现柳暗花明的局面。

美国有一名杰出的保险销售员叫甘道夫，每天他都全力以赴地做事，是我们很好的学习榜样。在培训每一个销售新人时，我都不忘讲起他。

下面来一起分享他的奋斗历程吧——

"全力以赴，成功就在眼前！"甘道夫每次演讲时，都是以此作为题目。

甘道夫是美国历史上首位一年销售超过10亿美元的寿险销售大师。他出生在美国肯塔基州，是个苦命的孩子。12岁时，他的母亲患癌症离开了人世。就在甘道夫念中学的时候，他的爸爸也去世了。

小小的年龄就失去父母，可想而知甘道夫的内心是多么痛苦。

他的爸爸临终前告诉他说："全力以赴，即使你成不了第一名，也会成为出类拔萃的人。"甘道夫把这句话记在了心上。他通过努力，考上了军事研究院。

毕业后，甘道夫当了一名数学老师。他一边教学，一边利用业余时间做辅导。尽管他很努力，但挣的钱并不多，仅能够解决温饱问题。这时候，他想起了父亲曾经说过的话："在美国，你可以想干什么就干什么，随心所欲，但是销售是最赚钱的方式。只要你全力以赴，没有发不了大财的。"

1960年，他开始了销售保险的工作。

他每天5点起床，然后开始一天的工作，每天夜里10点还在忙碌。如果当天销售的效果不好，他干脆就少吃一顿饭以惩罚自己。他认为："任何一个国家的人们，在吃饭睡觉方面浪费的时间太多了。对我来说，一顿饭如果超过20分钟，那就是一种浪费。"

什么叫全力以赴？甘道夫这样才算是全力以赴！由于甘道夫的全力以赴，他在第一星期就做了共计92000美元保费的订单。

当同事们询问他的成功之道时，他的回答是：全力以赴！

甘道夫成长的条件差极了，他的成功完全得力于他自己的努力。除了全力以赴，他的人生根本没有什么回旋的余地。背水一战，血战到底，所以他成为了美国最伟大的销售员之一。

有的销售员被客户拒绝一次或多次之后，会自我安慰：我尽力而为了。结果任务完不成，业绩上不去。久而久之，做销售的自信心就会受损，开始怀疑自己的能力：我都尽力而为了，结果还是没有起色，看来我不适合做销售……信心一旦动摇，哪怕只有一丝丝，很快就会全盘崩溃。

如果你全力以赴呢，像甘道夫一样采取持续的、有力的行动，全力寻找有意向的客户，全力同每个有意向的客户谈判……你都没有时间懊悔，没有精力找借口。你会发现：你的机会逐渐多起来。

做销售，要的就是全力以赴。其实不光是销售，做任何期待的事情，都应该全力以赴，不然人生会留下太多的遗憾。

第五章

给客户一个无法拒绝的理由

如何摸清客户心理？

怎样打动你的客户？

如何让客户高高兴兴签单？

美国电影《教父》里有句经典台词："我将给他一个无法拒绝的理由。"凭借这句话，教父考利昂摆平了所有他希望摆平的人。

销售也一样，磨破嘴皮说上一万条理由去劝说客户，不如给他一条无法拒绝的理由。同质化的产品数不胜数，互联网信息高度透明，消费者有了更多的选择权，那么消费者凭什么要购买你的产品呢？成千上万的销售人员疲倦，沮丧，酬劳不足，徘徊在路上，这是什么原因呢？因为他们只关心自己所需要的东西，没有注意到客户所需要的东西，拿不出一条让客户"无法拒绝"的理由。

销售专业中最重要的字就是“问”。

——博恩·崔西

充分了解客户，做到有的放矢

俗话说：到什么山上唱什么歌。这是一句朴素的至理名言。若不能做到这一点，你唱得再好，也不能唱到对方心坎里。对一个没出过门的陕北老农，用美声唱《南泥湾》，他肯定听不懂，但阿宝用他高八度的调门唱信天游味十足的《南泥湾》，老农十有八九会听得满心欢喜。

对象变了，唱歌的方式也要变化。但怎样变化呢？这可不是想怎么变就怎么变的，一定得根据对象来。要防止唱错，得先了解你的听众。他们喜欢什么样的口味，先打听清楚了才好。

销售就像唱歌一样，在拜访客户之前，一定要先充分了解客户的背景、地位、喜好以及其他种种情况。这样工作起来就不会胡乱放枪，浪费子弹。

乔·吉拉德曾经这样说：“销售是要有准备的，首先必须了解客户的背景。想把东西卖给谁，首先就要尽最大可能地搜集关于这个人的情报——对于销售有帮助的情报。如果我们每天都花一些时间搜集客户的情报，为访谈做好准备，就会为销售铺平道路，那么之后拜访成功的可能性就会大大提高。”

我经常对手下的销售人员说，做销售这个工作，一定要事前对客户多进行调查和了解，图省事，乱开腔，只会把客户一个个得罪干净。与其不准备，还不如不销售，回家睡大觉去。

有位认真的销售员，即使为了一场与销售无关的公益演讲，他也做了充分的了解准备工作，结果演讲十分成功。

下面来看看他是怎么做的。

有一次，麦凯受邀到一所大学给毕业生做演讲。

给人家演讲，得讲人家关注和爱听的话题，不然人家凭啥花时间来听你说话。于是麦凯化装成听众，到大学里去旁听了一个礼拜。为了防止学生们认出他来，他戴上面具，一副怪怪的样子。

大学生们以为遇到了一个精神病人，不过也没有人很在意他。

毕业典礼开始了，麦凯上台发表了完演讲之后，大学生们可兴奋了，掌声如潮。麦凯讲的内容就像是为他们量身定做的，字字句句说到了大家的心坎上。

有个大学生斗胆提问："麦凯先生，作为销售员的您怎么这么了解我们这些学生的想法呢?"听到学生问这个问题上，麦凯立刻把他上周参加旁听时使用的面具拿出来戴在头上。

大学生们开始大笑："原来是你呀！太不可思议了！"

麦凯先生总结说："我今天讲的内容，就是在这之前旁听的结果，所以符合你们的胃口。我有个习惯，就是在做任何事情之前，一定先调查了解一番。正像我搞销售一样，在见到客户之前，我一定先了客户的背景。这是一名销售员成功的关键，也是我销售成功的关键。"

由于对演讲受众提前进行了深入的调查，所以麦凯先生的演讲非常符合听众的口味，演讲大受欢迎。演讲如此，销售亦然。

不搞调查研究，销售中你就无法做到有的放矢。这种调查研究除了搜集资料，做广泛的市场调查外，还要尽可能详细地了解某个具体客户的背景，掌握他的有关资料。这样我们就可以在拜访中处于优势地位，可以非常顺畅地展开销售。

那么应该从哪些方面来了解客户的背景呢？下面为大家提供几条参考

意见。

一、了解对方的姓名

事先弄清客户的姓名，绝不能张冠李戴。首次拜访时，未曾跟对方谋面的你如果能够准确地称呼对方，会给对方一种受尊重的感觉。

二、了解对方的籍贯

了解对方的籍贯后，你就可以从地域文化上找到话题，还可以就此通过同学、战友等攀上关系。如果我们与客户是老乡，利用这一层关系，能够快速拉近与客户之间的距离。

三、了解对方的学历和经历

了解对方的学历和经历，其好处是可以根据其专业与人生经历，寻找共同感兴趣的话题。例如，一名销售员听说客户中文系毕业，曾经是杂志编辑，就不妨事先补充一些文学知识，在拜访时与客户聊聊文学，聊得热火朝天，气氛融洽，接下来的销售就进行得十分顺利了。

四、了解客户的家庭背景

如果对客户的家庭情况有所了解，就可以找到机会“讨好”对方。例如，一位销售员得知客户的小孙子喜欢看军事类的杂志。于是他在与客户见面时，送上几本精美的军事期刊。这一下正中客户的下怀，快速拉近了与客户之间的距离。

五、了解客户的兴趣爱好

一位销售员了解到客户喜欢红色收藏和集邮，便把自己收藏的邮票、像章之类的藏品赠送给对方，由此得到了客户的高度认同，首次拜访就得到了订单。

总之，详细地了解客户的背景，对于找到销售突破口、融洽与客户之间的关系，有十分重要的意义。

日本有一位著名的销售大师，名叫尾志忠矢，他曾碰到过一块难啃的“硬骨头”，但他最终把这块“骨头”给啃了下来，他采用的方法就是从了解对方的背景入手。下面就来看一下他具体是怎样做的。

尾志忠矢向一位外科医生销售百科全书，跑了两三次都没有效果。期间不光自己努力了，尾志的同事也登门销售过，大家都说这个医生是块“硬骨头”。

尾志忠矢了解到这位医生的母亲开了一家澡堂，这位医生对菠类植物很有研究。

他去拜访医生时，刚一进门，医生就说：“请你离开这里，我现在有事，工作特别忙，请你不要打扰我。”

尾志忠矢说：“这次我是有资格与你谈话的，因为我刚从您母亲那儿回来，全身洗得干干净净。”

听了这句话，医生停住了高高举起的手——他正要逐客。

医生说：“可以了，你可以介绍一下你的产品。”

于是尾志忠矢开始向医生介绍自己带来的百科全书，重点讲了菠类植物，并送给医生一个菠类植物的标本。

医生非常高兴，关系一下子拉近了。

最后，尾志忠矢拿到了订单。

最后需要说明的是，如果客户是个团体的话，可以从以下几方面把握他们的信息。

一是了解客户的经营状况。如果对方是举债度日，整天为还债东奔西走，那么我们就要详细考察一下对方的资金情况和信誉度。

二是了解客户的关键人物。谁说了算？是大股东、采购员还是谁？

三是了解对方的产业链、内部人事信息、企业规模等。

总之，知己知彼方能百战不殆。尽可能多地了解客户信息，在与客户交往的过程中我们才能做到心中有数，始终处于主动。

营销的宗旨是发现并满足需求。

——菲利普·科特勒

找准需求，产品才有卖点

假如你销售的产品是最好的，同时也是最便宜的，客户就一定会要吗？

答案是：不一定。

再进一步问：这么好的产品，为什么有人会不要呢？

回答是：他不需要。

因此销售成功的关键，不是你的产品有多好，而是你的客户有没有这种需求。

只有找准了客户的需求，产品才会有卖点。作为一名销售员，和你的客户沟通的时候，要注重了解客户的真实需求。如果没有抓住客户的真实需求，你说得再好都白费。比如说，你开了一家服装店，顾客来到你店里转一圈走了。你并没有消极对待他，在他停留的片刻，你不失时机地追着他说你的服装多么时尚，多么畅销，价钱又是多么合理……呵呵，这些都没有用。为什么？因为那个顾客可能不喜欢时尚，或不在乎价钱。

如何探知对方内心的真实需求？通过巧妙的办法引导客户讲出来。这是我们销售的一个基本功。下面这位老太太和三位卖主之间进行了三场有关需求的对话，我们来看到底谁是最成功的。

一个老太太买完菜，又进了水果市场。有三个摊贩正在卖苹果。

走到第一个商贩面前，老太太问："你卖的苹果好不好?"

"那还用说，我这里的苹果个大又甜。"第一个商贩自豪地回答。

老太太走了，来到第二个摊位面前问："你卖的苹果好不好?"

"您想要哪一种，有甜些的，还有酸些的。"第二个商贩试探着问道。

"酸一点吧。"

"咬一口就酸得你流口水。"

"不要多，先来一斤吧，不知我那儿媳妇爱吃不爱吃。"

走到了第三家摊位前，老太太问："你卖的苹果好不好?"

"您老人家放心吧，我的苹果肯定是好的，您想要什么样的?"第三个商贩热情地说。

"酸一点儿的。"

"大家都爱吃甜的，您想要酸的，您老是怎么想的?"

"儿媳妇怀孕了，爱吃酸的。"

"您老人家对儿媳妇真好。儿媳妇一定会给您生个白胖孙子。来，您先尝一尝。"

老太太尝了一口，酸得直流口水，脚一跺，下了决心："来五斤!"

商贩一边称苹果一边说："不只是苹果，还有橘子，孕妇吃起来很合适。橘子味酸，含有多种维生素。"

"哦，那好，再来两斤橘子。"

"您儿媳妇碰上您这样想得周到的婆婆，真是有福气。我天天在这儿摆摊，您要是觉得好，常来买啊，我保证优惠。"

"好的，好的。"老太太的脸上笑成了一朵花。

大家看见了吧，不要老惦记着"如何卖"，而要时时想着顾客"如何买"。巧妙引导客户讲出真实的想法，从而找到客户的真正需求，那么成交也就是自然而然的事情了。

故事中的第一个商贩不了解顾客需求，第二个商贩虽然找到了顾客需求，但挖掘不深。第三个商贩不仅找到了顾客需求，而且通过沟通，找到了顾客的“真实需求”，此外再让顾客先体验——“尝一口”，以此证明货真价实。同时他还连带着进行了销售，结果不但卖出了苹果，还卖出了橘子。最后又用“恭维”和顾客拉上了“关系”，让她以后常来光顾。

找到顾客真实需求，购买便水到渠成。无论从事什么样的产品销售，都要把握住这点。抓住了顾客需求这个根本，才会有赚钱的机会。许多年前，一位精明的英国小贩就是这样赚下一大笔钱的。

那是在 1981 年，一个热点话题传遍世界：英国王子查尔斯和美丽的黛安娜要举办婚礼。婚礼在伦敦举行，全世界各大电视台都要转播。婚礼那天，英国王子查尔斯和黛安娜，将手牵手从白金汉宫出发，徒步走到圣保罗教堂。

这一天终于来到了！从白金汉宫到圣保罗教堂，这一带拥挤得水泄不通，百万群众分为几层堵在道路两旁。后面的观众根本看不到英俊的王子查尔斯和美丽的黛安娜，他们着急死了。要是看不到王子和王妃，这不白来了吗？

“望远镜！望远镜！用望远镜来观看世纪婚礼盛典，不然就白来一趟了。快快快，机会难得，机会难得！一台就一英镑……”拥挤的人群中，一个声音高高地响了起来。

人们蜂拥而上，几千台望远镜瞬间就被抢购一空。甚至有不少人把整钱扔过来，连找零都没有要就赶快离开了。

当天，这位精明的小贩大赚了一笔。

这位英国小贩之所以获得成功，就在于抓住了人们的真实需求——想看看世纪豪华婚礼的盛大场面。如何满足这个需求？望远镜可谓正好可以满足。真是卖得好不如卖得巧呀！

什么是真正的销售？真正的销售不是销售员如何会卖，而是销售员如何找到客户需求，让他们主动购买。这里有几个探寻客户真实需求的方法，是我从多年的销售工作中总结出来的。

——望、闻、问、切。它们是我们实现成功销售的利器。

“望”就是察颜观色，即观察客户的环境、行为等隐藏的信息。敏锐的观察能力是销售员必须具备的特质之一，也是挖掘客户需求的基本前提。通过观察环境、神情，我们可以在一定程度上窥探到客户的内心。

所谓“闻”，就是听，通过倾听来掌握客户的信息。有效倾听是准确把握客户需求的有力保障。倾听时，销售员需要极大的耐心和专心，千万不要过早地“击毙”客户。要留意客户的口头表述、声音和肢体语言，从中获取有益于我们的信息。要明白，好的销售需要多的倾听，而不是高谈阔论。实践证明，最理想的销售是客户比你说得更多。

“问”就是询问客户。正确的提问是挖掘客户需求的核心部分。提问不是没有风险，但我们别无选择。与单纯的陈述相比，提问能令销售取得更快的进展，因为提问可以创建双向沟通。沟通能够很快建立信任，沟通能让对方参与到销售过程当中，沟通能帮助你发现对方的需求，沟通能令对方感觉到你的价值。

提问有两种方式：一是开放式，一是封闭式。开放式提问的好处是，通过开放式提问，可以获得更多有用的信息。它的主要形式有描述、解释、说明等几种。封闭式提问的好处是，通过对客户提出一些封闭式问题，以锁定具体信息或证实对客户需求的理解。封闭式提问的形式很简单，就是要对方回答“是”或“不是”。

“切”就是为客户量身定做方案。在望、闻、问的基础上，对客户需求进行分析，找出其真实需求，并围绕真实需求制订出行动方案。

人们买的不是东西，而是他们的期望。

——特德·莱维特

既当录音机，又要当电脑

一名销售员，既要当录音机，也要当电脑。

录音功能，就是记录下与客户交往中搜集到的重要信息。这些信息既包括客户资料，也包括市场信息。

电脑功能，就是对自己搜集到的资料，要学会分析总结提炼，挖掘客户的潜在需求。

首先，客户并不一定知道自己想要什么。再者，即使知道他们想要什么，也不一定告诉你。

某家出版社作了一次问卷调查，80% 的读者回答：喜欢阅读有价值、权威性的图书。但是图书市场反馈过来的信息显示：大众化、通俗化的图书销售量为 83%。后者显示的数据，是从书店和网上销售平台获得的数据，绝对错不了。那么这到底是怎么一回事呢？这是因为，大多数读者希望显示一下自己的层次，于不自觉中选错了答案。

我在一本杂志上看到一则故事，讲的是一个中国人如何在国外发财。之所以拿到这里来讲，是因为这则故事恰好说明了我的观点——挖掘出客户的潜在需求是事半功倍的做法。

曾耀宁是浙江温州人，自费去澳大利亚留学。1990 年，他和妻子一道，远赴匈牙利首都布达佩斯开始创业。

创业的过程说起来全是泪，这两口子什么苦都能吃，什么罪都能受。他们一开始是从摆地摊开始的，两人饱尝了人间饥苦，可是并没有赚到什么钱。

大家都知道，肯德基、麦当劳、必胜客……这些洋快餐遍布中国的大小城市。其实在欧洲也是这样，这些洋快餐随处可见。

曾耀宁在摆摊的过程中，经常听到中国人抱怨：这些洋快餐吃不惯，还是中国菜好吃。

这一天，曾耀宁的一个朋友来访，曾耀宁烧了一桌家乡菜招待客人。朋友边吃边夸："就凭你这手艺，咱哥俩开个中餐厅，保证发达。"

从朋友的夸赞中，曾耀宁找到了市场上的一个潜在需求，那就是中餐。

1993 年，他们两口子与朋友一起，合伙开了一家中餐馆。中餐馆的生意非常火爆，不仅中国人爱吃，不少外国人也喜欢光顾。

1994 年，曾耀宁独自投资，在布达佩斯附近的"山丹丹"旅游小城，开办了"中华大酒楼"，主推中国菜肴，各种档次都有。

1996 年，马来西亚国王应邀访问匈牙利，匈牙利政府专门指定在中华大酒楼宴请马来西亚国王。这一下子可不得了，曾耀宁在匈牙利的餐饮界如日中天。

曾耀宁不断地搜集客户资料，广泛研究市场。他认为：我们中华民族在餐饮业上有着五千年的光荣历史，完全可以与西餐一比高下，且欧洲市场也有需求，是个不错的机会。

曾耀宁发现，传统中餐品种繁多，制作方法五花八门，质量有时不稳定，工艺流程比较复杂，花费时间多，价格偏高，这是外国人不喜欢吃中餐的原因。西式快餐也有他们的优势：一是制作标准化，二是品种系列化，三是省时间、省力气、省钱。

曾耀宁决心大胆改革，吸收麦当劳、肯德基这些快餐的优点，对中餐进行流程再造，保持中餐味道，然后推向市场。

1996 年，中华快餐城在布达佩斯隆重开业了。它不仅环境优美，而且以东方风味的菜肴和服务标准轰动全城。顾客络绎不绝，要排队才能进得了门。随后，曾耀宁又不失时机地在布达佩斯开了几家中式快餐连锁店。

如今，曾耀宁依靠自创的中式快餐，构筑起了规模庞大的“曾氏中华餐饮集团”。

从以上我们可以看出，曾耀宁的每一次行动，都经过了广泛的市场调查和认真分析，把握住了国外市场上对中式餐饮的需求。这种需求看准了，然后想办法去满足它，就能很快一步步迈向成功。

曾耀宁付出了努力没有？当然付出了。不过他所付出的，比同样付出者收益更多，有事半功倍之效。这其中的原因，就在于他分析了市场，发现了客户的潜在需求，掘出了一股源源不断的泉流。

显性需求，这是大家都看得见的，明眼人谁都知道去满足这个市场，竞争当然也就激烈。如果能够发现大家都没有注意到的潜在需求，那么就能走出一条少有竞争的新路子。作为一名销售员，一定要多进行市场调查，搜集更多的信息，发现客户的潜在需求，然后满足这种潜在需求。

谁是第一个发现潜在需求的人，谁就是有眼光的人；谁首先满足客户的这种潜在需求，谁就是最成功的人。这一点丝毫也不用怀疑。

为了进一步说明问题，我再举个国外的例子。

西格弗里德祖上一直是开大酒店的，祖上家大业大，后来他继承了家业。

他接管家族酒店后发现：再按传统模式经营酒店，已经没有出路了，必须改革才能继续发展。

于是西格弗里德开始进行市场调查。他遍访客户，收集了很多一手信息。

这一天，西格弗里德坐在办公室看文件，他的一位朋友来了，说自己当了父亲。

“恭喜恭喜!”西格弗里德起身祝贺。

朋友的脸上漾着笑意，喜不自胜。

等朋友走了之后，西格弗里德将自己半年来的调查结果拿出来，仔细研究。

这时朋友又打来电话，叫他喝喜酒，并让西格弗里德给自己的新生儿起个名字。

西格弗里德突然眼前一亮，他告诉朋友：“你听我说，从今往后，我这酒店就是一家婴儿酒店。半个月之后，你们两口子带着小孩子来我这里度假。”

这一下子可不得了，亲友们对西格弗里德的做法表示不满：

“你这是酒店，但是婴儿会喝酒吗?”

“你小子就折腾吧，将你祖上家业折腾光，你就心里舒服了。”

“西格弗里德，你这个败家子。”

……

西格弗里德说：“我做过大量的市场调查，发现这是一个没有被满足的潜在需求。名为婴儿酒店，其实是为年轻的父母们服务的。”

西格弗里德很快地对酒店进行了改装再造。添置了婴儿床，各式玩具，又开辟了游乐室。

西格弗里德聘请了三位护士，她们都是有学历，有经验，受过专业训练的人。西格弗里德让她们24小时轮流值班，照顾各个房间的小客人。每间小客房都安装了警铃，与服务大厅相通。如果要是婴儿哭了或者醒了，正在外面休闲的年轻父母就能及时赶到。

西格弗里德的婴儿酒店开张第一天，就来了二十多对带着孩子的年轻夫妻。他们被这里的布局迷住了，流连不舍。

于是客人你传我，我传你，纷纷提前预订房间，而西格弗里德连广告都没有来得及做，房间就爆满了。

西格弗里德对市场进行了深入细致的调查和研究，挖掘出了酒店业的潜在市场，成为经营婴儿酒店的第一人，满足了客户的潜在需求，也使自己的酒店走出了传统经营模式的困境，找到了成功的新路子。

作为一名销售员，如何了解客户的潜在需求？如何将潜在需求转化成业绩？这里有个简单易记的方法，我把它总结为是“5W2H”。

什么是“5W2H”？

——Who、What、Why、When、Where、How、How much。

Who？

我们的客户是谁？谁是产品的直接使用者？谁是我们的竞争对手？购买我们的产品，谁是决策者？

What？

客户的需求到底是什么？我们的产品优势何在？我们的产品能不能满足客户的需求？决定客户购买我们产品的关键因素是什么？

Why？

客户为什么要购买这种产品？这种需求背后潜藏着什么样的问题？客户为什么要购买我的产品，他们为什么不向我的竞争对手购买？

When？

客户什么时间购买我的产品？我什么时候推出自己的产品？

Where？

在哪里展示我的产品？

How？

客户用什么方式购买我的产品？

How much

客户的心理价位是多少？

通过以上“5W2H”，你就会非常明确地将潜在需求理出来了，将其转化成产品或者销售业绩也容易操作了。

这里特别提醒一下，作为一名销售员，只有不间断地倾听客户对自己产品的意见，才能了解客户的潜在需求；只有充分满足客户潜在的真实需求，才能在销售工作上先人一步。

客户的最大满意要比销售合同重要。

——佚名

告诉客户，你值得拥有

客户为什么要购买你的产品？根据调查发现：90% ~95% 的客户在没有想清楚“我能从这件产品中得到什么好处”之前，是不会下决心购买产品的。客户之所以要购买产品，不是为了产品本身，他要买的是产品带给他的利益或好处。因此销售员销售给客户的不是纯粹的产品，而是产品带给客户的利益。

美国销售天王金克拉说过：“光强调一分价钱一分货，而不强调你的产品给对方带来什么利益，你永远无法销售产品。如果你的客户感受不到你的产品能够给他带来什么利益，那么他永远都会认为你的产品是贵的。你只要让客户认同产品带来的利益，价格异议也就不存在了。你必须塑造你的产品价值，并让对方感受到。这样才能让你的产品增值，令人家着迷。”

金克拉的这番话，可谓一语中的。大道至简。销售的唯一法则是：只有当客户了解到你的产品能够给他们带来更多的利益——也就是值得拥有时，他们才会毫不犹豫甚至争先恐后地购买。

1993 年，正当国家紧缩银根、房地产业大规模滑坡的时候，广东顺德推出了豪华花园别墅小区——碧桂园。楼盘位于顺德与番禺交界处，前不着村，后不着店。虽然开发商反复宣传此地为“金三角交汇点”，并做了不少活动来推广，但销售状况并不理想。为此，开发商请来了策划高手王志刚。

王志刚经过精心考虑，设计出一句广告语：“碧桂园，给你一个五星级的家。”这句广告词，让碧桂园的销售立马红火起来。直至今天，遍布全国的碧桂园，都还沿用着这句广告词。

王志刚将销售房地产上升到了销售价值的高度。他不推销房子，只说给你一个五星级的家。一个五星级的家，你值不值得拥有？

答案不言而喻。谁不想拥有呢？除非没有钱。于是一批又一批富人趋之若鹜，打开荷包，将碧桂园的老板推向首富的宝座。

有则著名的化妆品广告词：“今年二十，明年十八”。这八个字没有一个字向顾客说明它的化妆品质量多么好，也没有一个字说明它的化妆品价格多么便宜，更没有一个字说明它的化妆品有多少营养元素，但是这则广告却打动了无数顾客的“芳心”。这句广告词之所以具有无比的魅力，其诀窍正是因为它推销的是利益——如果你用了我们的化妆品，就会越活越年轻。

三流销售员推销产品的特点，二流销售员推销产品的优点，一流销售员推销产品的利益点。

一流的销售员善于向客户详细指出使用这种产品能够得到多少利益，使客户确信他面前的商品是值得拥有的。如果你的推销符合客户的期望，他就会愉快地与你成交。如果你善于推销利益点，你的工作就会变得轻松、有趣，更重要的是，你就能成为一流的销售员。

简单地说，销售员在挖掘利益时，可以从以下几点着手。

一、找出更多客户认同的利益

找出客户认同的利益，就能将商品的价值介绍给客户，并最终成功地将商品销售出去。例如这把椅子能防止脊髓侧弯，符合人体工程学设计，坐久不会疲劳，纯钢支架比一般的耐用一倍。只有利益累积的量大到足以打动客户时，客户才会点头说 YES。

能增加利益的诉求项目有：商品独特的特征及利益，好的服务体制，免费服务维修的保证年限，良好的公司形象，合乎安全的认证资格，品质管理认证资格，各项优惠。

二、带给客户额外的收益

购买商品后带给客户额外收益的诉求，也能促使客户接受你的价格。额外收益可以从下面这些方向思考。

1. 节省费用

例如：这台传真机的速度比你原先的要快一倍，改用它后，你每日可以节省大笔的传真费用。

2. 避免错误

例如：使用这套会计结账系统后，以后结账再也不会因为计算的小疏忽而耗费大量时间、精力去修正账目。

3. 无形的效益

例如：使用后可以提高员工士气，增加员工向心力，提高企业形象等。

4. 会员优待

例如：购买后就成为会员，以后再购买即可享受优惠的价格。

5. 免费信息

例如：成为我们的客户后，以后有关化妆保养的任何问题，我们都有专人负责为你解答。

销售员向客户介绍商品，不能只是让客户了解你的商品，最重要的是要用利益来鼓励客户采取购买行为。有一个工具，叫 JEB 商品说明，能够很好地帮助销售员实现这一目的。

JEB，简而言之，是首先说明商品的事实状况（just fact），其次将这些状况中具有的性质加以解释说明（explanation），最后再阐述它带给客户的利益（benefit）。熟悉这种介绍商品的三段论法，能让销售变得非常有说服力。

下面，我们对JEB的三个步骤逐一详细加以说明。

第一步是J（just fact），意指商品的原材料、设计、颜色、规格等，用眼睛能观察到的事实状况，也可以说明商品的一些特征。

商品本身所具的事实状况或特征，不管我们如何说明，都很难激起客户的购买欲望。例如当我们推销一把六角形手柄的槌子时，若我们对客户说："这把槌子的手柄是六角形，因此是好的槌子。不错吧，请买一把吧！"像这样只停留在介绍商品的性质上，是很难把商品推销出去的。

为什么六角形手柄的槌子就好呢？这一点要详细地说明出来。第二步，JEB的E（explanation）就要上场了。经过E的阐述后，构成商品的每个性质或特征，具有的意义或功能，就能很清楚地让客户了解。以销售六角形手柄槌子为例，应将手柄为六角形的特征，转换成"因为手柄是六角形的，握起来较牢"这样较有实际意义的话语。

第三步，要说明利益（benefit），也就是在我们向客户陈述了J及E——六角形手槌握得较牢后，接下来要强调究竟握得较牢会带给客户哪些利益（benefit）、哪些好处。倒如，这个例子可以强调六角形手柄槌子握得较牢，客户钉钉子时能钉得较准，不会把钉子打歪，同时也能使得上力，不易疲劳。

JEB商品说明方法有两个重点：一是用三段论的说明方法，另外是对商品知识要充分了解。JEB商品说明方法的步骤，最初是说明商品的性质及特性，接下来阐述及解说它的意义，最后才强调它的长处及优点。

销售重点是从商品知识引申出来的，因此销售员平常就应该多下工夫了解商品，尽可能地深入了解和挖掘商品的特性。

JEB手法威力强弱，关键点有两个：一个是"竞争力"，即愈是能够多列举商品特性的销售员，愈能胜过竞争者；另一个是"销售力"，对第二步骤E及第三步骤B愈是能巧妙地阐述，愈是具有销售力。

使用三段论方法时，必须懂得运用三个连接词。例如当完成了第一个步骤，提示了商品的性质及特性后，在进入第二步骤前，可用"因而……"来接着说明商品性质的意义，最后再用"因此……"或"也就是说……"，阐述商品的优点并下结论。

销售员的说服力不是口若悬河，也不是夸大其辞。销售员的说服力在于掌握更多的商品销售重点以胜过竞争者，以及巧妙地引申出能满足客户利益的优点。JEB商品说明方法，是帮助销售员提升说服力的很好方法。

客户最关心的是质量、服务和价值。

——菲利普·科特勒

通过对比，凸显自身优势

大家发现没有，现在的客户都精明得很，购买一种商品时，都是货比三家。这当然是可以理解的，只有通过对比，才能找到价格和质量都令自己满意的产品。这也就给我们销售员提出了一个问题：如何突出自己的产品优势，如何在对比中强调自己产品的优势？如果这个问题不解决，客户为什么要向你购买呢？

我有一个叫武强的学生，曾向我讲过他以前开店的一件事，大家看他做得对不对。

> 武强刚开了一家专门卖彩电的商店。
>
> 这天，一位顾客来到店内。来人在最新款式的电视机前停了下来，这是一款3D电视。武强走上前去，与顾客打招呼：“您好，欢迎光临！”
>
> 顾客应声道：“您好，您能给我介绍一下吗？我这个月要结婚，想买一台电视。”
>
> 武强请顾客戴起偏光眼镜，以体验3D电视的效果：“这是当下最流行的，年轻人非常喜爱，我们卖得不错。”

顾客问："我们经常看的电视频道，或者常玩的普通游戏，3D 电视能不能支持？"

武强说："你知道吗？目前的电视信号和普通游戏，还没有 3D 化呢，支持不了。不过从长远来看，3D 电视的优势就会凸显出来。"

顾客："噢……目前不太实用，价格还高。"

武强："新产品，高科技产品，价格偏高了些。不过 3D 电视是未来发展的趋势啊！"

顾客："我不关心未来，只关心现在。不实用，价格高，现在用不了。"顾客犹豫了好长时间，最后还是走开了。

这个顾客在体验了新产品之后，表现出了一定的购买欲望。但是武强没有将新品与其他电视机的优势作对比，没有突出 3D 电视的优势。顾客在片刻犹豫之后，最终还是放弃了。

虽然武强给顾客介绍了 3D 电视的功能，但是顾客不可能在短时间内体验到这些功能带来的优势。由此我们可以看到，没有对比，就显示不了产品优势。

其次还要善于对比。只有在对比之中，才能让客户感受到你的产品优势所在。

下面再来看一则成功的销售案例，这是我的一位叫做郑庆的朋友所经历的。

郑庆是销售电子产品的，不久前刚开了一家店。

这天刚一开门，就走进来一位顾客。来人进门后直接就问："最近索尼出了一款新的相机，你们有没有？"

郑庆拿出样品："你说的是这一款吧？"

"是的，是的。你们卖多少钱？"

"8000 元。"

来人大吃一惊："哇，你们卖这么贵呀！你知道吗？这款相机网上报价才 6600 元。"

郑庆微笑着说："我得告诉你，这个价位是全国统一的，可不是我们定的。你要是不信，可以找几家打听一下，我说对了你再拐回来。现在的数码产品更新换代得快，几乎是一个月一个样子。商家竞争激烈，我们也不好干。你想呀，要是价格高了，为啥人家要买我的？质量和价格你尽可放心。"

来人摇摇头："不会吧？你刚才说价格全国统一，那为啥网上的价格低那么多呢？"

郑庆表现得很有耐性："这个我给你解释一下。假如你要是买个小东西，到网上去买，即使买错了，也赔不了几个钱。现在电子商务虽说普及了，但是数码类的市场还是在实体店。实体店一是更安全，二是可以体验，有真实感，不至于出现重大误差。比如，你要是买这个相机，几千块，也不是小数目。要是在网上买错了，能够退回吗？一分钱一分货，网上报这么低的价，是存在不安全因素的。"

顾客随口说道："花了那么多钱，若是买到一个次品，麻烦可大了。"

郑庆拿出相机交给顾客："你试一试，看看效果。这个像素是很高的，也非常清晰。"

顾客试了一下："质量挺好的，这个我知道。对了，若是我拿回去出了问题……"

郑庆拍着顾客的肩膀说："只要不是有意摔坏的，使用过程中出了问题，给你免费保修，而且是终身免费保修。你要是在网上买了，就不见得有这种待遇了。"

这就是一个通过对比巧妙销售的典型案例。郑庆通过将自己的产品与网上的产品进行对比，凸显了自己产品的优势，从而实现了成交。当顾客提到网上的价格比郑庆报价低的时候，郑庆不紧不慢、不愠不火，理性地从质量、安全性、可体验性、售后保障等方面逐个比较，让顾客感受到自己的产品优势。

销售员应该学会对比法，通过对比突出自己的产品优势，让顾客觉得购买你的产品价格便宜，质量过关，售后有保障。

如何对比？

一是要找到客户需求点。这样对比出来，你的产品更能满足客户需求。

二是要实事求是，不要扩大自己产品的效果，也不要贬低对方的产品。如果对方感到你不诚实，就谈不下去了。

三是要语气温和，态度平稳，不愠不火。

四是要配合实物展示，让客户体验得到，用效果说话。

在购买时，你可以用任何语言；但在销售时，你必须使用购买者的语言。

——玛格丽特·斯佩林斯

说服之道：六要六不要

人们总是有先入为主的观念，相信了你这个人，才会相信你的产品。这是一个难以改变的客观事实。因此，和客户见面，第一要务就是把自己销售出去。

把自己销售出去，让人家认可你这个人，从哪里开始呢？当然从说话开始了，这就要掌握语言的艺术。销售的时候，衣着、礼仪都是要讲究的，但最终它们都要归结到说话上面来。

通过说话，把一切工作浑然连成一体，是成还是败，皆取决于此。所有的工作你都做了，但是如果你不会表达，茶壶里煮饺子——有货吐不出，就会功亏一篑。

销售是一种面对面的交易，不同的说话水平产生的结果是不一样的。这不仅关系到成交与否，也是一种人际交往和修心的艺术。优秀的销售员首先要有上乘的沟通能力。

下面我们来看看一位销售员是如何把客户说服，从而购买他的产品的。

韦伯是美国费城电力公司的一名销售员。他的任务是找那些费城郊区的农场主，向他们推销电力公司的电。

费城远郊的这家农场，让他的同事费了不少心思。五六个销售员做了许多工作，就是拿不下来。

当韦伯快到这位农场主家门口时，户主玛丽太太一看是个陌生人，估计又是来销售电力的，因此一言不发，赶紧把门关上了。

韦伯很机灵，语气亲切柔和地说：“玛丽夫人，不好意思，打扰您了。我知道，您对销售电力没有兴趣。这一回，我不是奔着销售电力而来的，我是要买您农场的鸡蛋。”

听到了这里，玛丽太太打消了疑虑，打开门伸出头望着韦伯。

韦伯继续说：“您喂的鸡里，有一种叫‘道明尼克’的种鸡，漂亮可人，我想看一看。还有就是，我想买一打新鲜的鸡蛋，回到城里好做蛋糕用。”

这回玛丽太太一点怀疑也没有了，把门开得更大，很自然地问道：“城里到处都是卖鸡蛋的，你为啥不在城里买？”

韦伯回答：“图省事在城里就近买鸡蛋，我也想过。不过我的太太听人说，您这里有棕色鸡蛋。我太太说，这种鸡蛋做出来的蛋糕特别好吃。”

玛丽太太心里绷着的弦彻底放松了。她走出门口，和韦伯聊起了鸡蛋的事情，丝毫不问电的事情。

这时候，韦伯看到院里的牛棚，对玛丽太太赞叹道：“您在家里可真会经营，连牛也会养。”

“不是的，那是我丈夫饲养的。”

韦伯温和地笑了笑，对玛丽太太说：“我敢打个赌。你丈夫养牛赚的钱，不会比你养鸡赚的钱多。”

玛丽太太高兴极了，手舞足蹈，然后开始抱怨自己的丈夫：“你知道吗？这么多年来，我丈夫就不承认我比他赚得多，今天我可遇到知音了。你想想，一家人赚的钱放在一块，也没有人算账，啥也说不清。我也不是为了显摆自己的功劳，但是你不能冤枉我吧。”

“是的，是的。”

玛丽太太于是兴致勃勃地带着韦伯到鸡舍参观。

韦伯说："一个女人做到这一步是很不容易的。独立创业，开辟自己的事业。"

玛丽太太说："不信可以同周围的那些鸡场比一下，我的鸡产蛋率是最高的。"

韦伯忙说："不简单，不简单。如果要是用电孵化，那样产的鸡蛋会更多。"

玛丽太太："用电孵化产蛋多，这个我也知道，但是这样合算吗?"

韦伯推开双手："这个不难办，咱们可以算一下。用数据说话。"

玛丽太太忙让韦伯进屋，两个人开始算账。过了一会儿，结论出来了，用电孵化更合算。

没几天，韦伯所在的公司收到了玛丽太太的用电申请。

聪明的韦伯以买鸡蛋为借口，用赞美的语气恭维对方，一步步打开了玛丽太太的防备之心。由对方的养鸡话题，自然说到了用电孵化的方式是否合算，让销售电力水到渠成地成交。从这里可以看出，韦伯这位销售员也是一位说话高手。

作为一名销售员，如何培养自己的说话能力，掌握谈话艺术呢?

特别要记住下面的"六要六不要"原则。

其一，要赞美，不要批评。与客户交谈，多用赞美的语言。即使对方是错误的，也不要当面批评，更不要大声指责。批评的武器在销售的任何时候都不宜用，一批评就会拒客户于千里之外。

其二，要多听，不要多说。销售员要想知道客户的购买倾向，就要了解客户对产品的理解，要让客户多说话，多听听客户是怎么说的。

其三，要商讨，不要命令。微笑多一点，态度和蔼一点，说话轻一点，语气柔一点，采取协商的口气，甚至请教的口气，与客户进行交流。从态度和语气上，不要有"下命令"的味道，那样会让客户产生反感。客户才是主人，谁愿意花钱买气受啊?

其四，要通俗，不要专业。不要使用太多的专业术语，毕竟大多数人不是专业人士。即使是专业化的产品，也要多用打比方等手法，用浅显的语言表达出来，让人家听得明明白白。

其五，要热情，不要冷淡。言谈举止都要流露出真情实感，有奔放的热情。作为销售员，你只有用自己的真情，才能换来对方的真情。任何虚情假意，都难逃客户警惕的眼睛。

其六，要互动，不要唱独角戏。有些销售员具有强烈的表现欲，一开口就滔滔不绝，只想着自己一吐为快，不顾对方的反应，这会惹得客户反感。我们必须用交流互动的方式与客户说话，不要独占话语权。

此外，还要注意以下两点。

一是要实事求是。不要把客户当成傻瓜，要把对方当成知己，多从对方的角度来考虑问题。介绍自己、公司和产品的时候，要实事求是，不要夸张，不要说假话。否则你随时都会失去对方的信任，人家就不跟你谈了。

二是讲究销售语言的艺术性。什么样的客户都有，不同的职业，不同的阅历，不同的年龄，不同的价值观……销售员要针对不同的客户，不同的场合，说出不同的话。

赢家是这样一批人，他们能够赢得和说服那些不再相信一切、不再立即购买高价产品的客户。他们能在绝境中创造惊人奇迹。

——阿尔布莱西特·比法尔

说服客户，更要打动客户

金牌销售员都善于将情感融注于产品之中。

也许有人会问：产品是死的，是不会说话的东西，怎么能融进情感呢？

很简单，在销售产品的时候，你善待客户，让客户以后一用到你的产品，就会想起你来，心里充满感激和温暖。这样，今后他还想买就会想到你。

乔·吉拉德这位销售大师很了不起，他的情感战术老练得让人毫无防备，一切好像都是意到笔随的结果。于“无情”处迅速建立深情，这正是我们在销售这个没有硝烟的战场上所必须具备的一种能力，它能使我们的销售命运发生戏剧性的变化。

请看乔·吉拉德曾经的一番精彩“表演”：

有段时间，乔·吉拉德专门销售雪佛莱汽车。有位客户本想买一辆白色福特汽车，结果呢，却向乔·吉拉德购买了雪佛莱。

那天，卡布太太慢悠悠地走进雪佛莱的展销大厅。

“欢迎您，夫人！”乔·吉拉德迎了上去。

卡布太太说：“我不是来买车的，只是想在这儿打发一会儿时间。”

卡布太太很健谈，接着说：“我就想买一辆白色的福特。我表姐开的车子就是那样的，很漂亮。”

乔·吉拉德说：“福特车行就在我们对面呢。”

“他们正忙，想让我15分钟之后过去。我先在这儿随便看看车子，消磨消磨时间。他们要把福特汽车作为我的生日礼物送给我。今天是我的55岁生日。”

乔·吉拉德：“祝您生日快乐！夫人。”

乔·吉拉德一边请她进来随便看看，一边向身边人交代了一下。

乔·吉拉德顺便把一本汽车宣传手册递给卡布夫人：“您要是喜欢白色车，现在有充分的时间，您看一下这个双门轿车——也是白色的。”

就在这当儿，一个美女秘书，捧着一束鲜艳欲滴的玫瑰花走了过来。乔·吉拉德接过来，双手递给卡布太太：“祝您健康长寿，夫人，生日快乐！”

太出乎意料了，卡布太太大为感动。

卡布太太随后对吉拉德说：“我很久没有收到别人送的礼物了。我考虑了一下，我只是想买一辆白色车罢了。我表姐的车是福特，我也自然想到买福特。刚才看了资料，再一细想，为什么非要买福特呢？”

当场，卡布太太就从乔·吉拉德这儿买走了一辆白色的雪佛莱，并填写了一张全额付款支票。

大家看到没有，在卡布太太与乔·吉拉德两人的谈话中，乔·吉拉德丝毫没有劝卡布太太放弃买福特，更没有让她选择雪佛莱。但是乔·吉拉德从卡布太太的谈话中，掌握了她的购买倾向，并且以真诚的爱心送上鲜花，感动了卡布太太，从而让卡布太太改变主意，实现了成交。

你可能已经想到了，乔·吉拉德向身边人交代了什么：给花店打了个电话。一束鲜花，花钱不多，但是却让卡布太太感受到一种温情，一种尊重。

在销售过程中，感情投资不可或缺。少了感情，销售就会变得生硬、僵冷。即使最后成功了，也会令人没有愉悦感，很难有“且听下回分解”的机会。

国人历来是情感销售的老手，一点也不会比乔·吉拉德逊色。

从桃花渔村到县城去，大概有30华里。桃花渔村太偏僻，一般人都不到这儿来。县客运公司在这一条线路上只安排了两辆公交车。

承包01公交车的是阿田夫妇，首班车是从桃花渔村开往县城。承包02公交车的是舒静夫妇，首班车是从县城开往桃花渔村。

渔民长年在水边生活，很少有进城的机会。这回村里开通了公交，大家可高兴了。他们一旦进城，都是全家男女老少齐上阵。为啥？在封闭环境里待久了的渔民，谁不想到县城里看看花花世界？

阿田从不让渔民给小孩子买票，哪怕是一对夫妇带好几个孩子，她也装作没有看见一样，只让渔民买票。渔民大都是实诚人，心里过意不去，非要给大些的孩子买张票。

阿田一边阻挡，一边对着孩子们说：“今后来坐车，你们这些孩子们给我逮个泥鳅，行不？”

孩子们高兴得直蹦：“好，好……”

舒静却不是这样干的。只要有带孩子的，一律买票，一个也不例外。大孩子要全票，小一点的买半票。

舒静对人这样说：“车是承包的，月月都得交承包费。哪个月交不够，就干不成了。”

渔民们也是明白人，都按人数买票，没有落下的。

一年之后，人们发现02号公交车没有了。原来是搭乘舒静车的人越来越少，收入还不够上缴承包费，便停运了。

阿田的公交车成了独家生意，于是干脆把02号公交车也承包了下来。

两辆公交车，最后以“吃亏”的阿田夫妇取胜，市场让老实人着实秀了一把。如果舒静夫妇像阿田夫妇那样愿意吃亏的话，这个市场就会平分秋色了。然而人心不平，市场也就无法一碗水端平了。

市场竞争有个规律，开始是打价格战，接着是质量战。当价格和质量都差不多的时候，怎么办？这时就要打“情感战”了，用感情“俘虏”客户。

优秀的销售员都很重视情感营销，努力让自己的服务富有人情味。情感让销售员和客户融合在一起，这样就没有了敌对情绪，这是成交的最好氛围。

那么如何实施情感营销呢？可以按以下几个步骤来做。

第一步，亲切招迎客户，赢得对方好感。不论是老客户还是新客户，都要发自心底地对他们微笑，同他们亲切地打招呼。说话的口气要婉转动听，不能生硬，一生硬就会拒人于千里之外。

第二步，真诚回应客户，对客户有求必应，赢得他们的信任。对客户提出的任何要求和质疑，必须心平气和地耐心予以解答，绝不可流露出不耐烦的样子。对产品不能自吹自擂，极尽夸张之辞，要让客户有思考和回旋的余地。

第三步，挖掘客户的深层需求，真诚地给予客户情感寄托。通过前面讲的望、闻、问、切等方法，和客户进行友好而深入的交流，探寻出客户到底最想要什么，想得到什么产品和服务，从而使客户感受到你的温暖与关怀。

第四步，向客户推荐适合的产品。前面的三步走稳妥之后，就可以适时地向客户销售适合他的产品了，让他不仅在物质上，更在精神上获得某种满足。

第五步，以自信的形象展示在客户面前，让客户坚定地购买你的产品。你对自己和公司及产品的信心很重要，它会使你从内到外散发出夺目的光彩来，进一步坚定客户对你的信任，对公司及产品的信任，从而促使客户与你建立起牢固的后续关系。

这五步走好了，你的情感营销就做好了，手上的产品就不愁销售不出去了。销售产品的同时，你把对客户的关怀和爱也“销售”了出去，同时你也将获得关怀与爱，还有那似乎在不经意间到来的财富。

不论你推销的是什么东西，最有效的办法就是让客户相信——真心相信——你喜欢他，关心他。

——乔·吉拉德

爱你的客户，胜过爱你自己

高高在上的女神雅典娜来到世间，她发现自己的雕像几乎找不到，只有爱情女神维纳斯的雕像随处可见。

雅典娜回到天庭，向宙斯诉苦："人类只在嘴上崇拜我，但在他们的日常生活中，在他们家里，都只对维纳斯爱戴有加。"

宙斯笑了笑，说："这很好理解，高高在上的女神雅典娜，在人类的心目中，那是什么形象？神圣不可侵犯嘛，可敬但不可爱呀。维纳斯是什么？她愿意充当人类的情人——具有亲和力，很生活化，平民化，当然是大众追逐的对象了。你要知道，人们爱自己的情人是一定胜过爱自己的。"

人们之所以爱维纳斯胜过爱雅典娜，不是因为维纳斯比雅典娜更高贵，而是因为维纳斯更具有亲和力，愿意充当人类的情人，爱人类胜过爱自己，把人类当作自己的情人来对待，所以受到了人类的追捧。

如今这个年代，已经不是只要把客户当上帝就高枕无忧的时代了，而是要将客户当做"情人"，爱客户胜过爱自己。只有把客户当情人那样。百般地呵护，给予情感上的关怀，嘘寒问暖，无微不至，才能使你在销售这一行业内出类拔萃。

不信请看下面这个活生生的例子。故事中的小曼，是我曾经培训过的销售员。

这一年，南京的夏天十分炎热。人们都躲在阴凉的地方不想出来，大街上看不到几个人。

这天，有一位穿着背心、满身汗臭味的老农，推开了汽车展示中心的玻璃门。

老农刚走进门，迎面走过来的是笑意盈盈的小曼："老大爷，欢迎您的到来。我能为您做什么呢?"

老农摆摆手："你们忙吧，不用了。外面天太热，我进来凉快凉快，马上走，马上走。"

小曼："不必客气，来来来，您坐在沙发上。"

"不坐了，不坐了。我们这些干力气活儿的人，衣服不太干净，会弄脏了你们的沙发。"

"没关系，没关系的。这沙发就是让人坐的。"

小曼给老农倒了一杯开水，说："您坐在这儿好好休息一下。休息完了，我陪您随便看一看。"

老农喝完了水，悠闲地走向展示中心的新货车。他时而蹲下，时而站起，东看看，西瞧瞧，看得很仔细。

小曼走过来说："大爷，您看的这款车，装载能力强，加长拖斗的，我给您介绍一下吧?"

"你们忙吧，忙吧，不打扰你们，不打扰。"

小曼说："今天您买不买都没关系，今后有机会您帮我们介绍给别人也行。"

小曼又为老农递过来一杯水，用通俗的话将货车的性能一一作了讲解。

听了一会儿，老农就离开了。

这件事只不过是小曼工作中一个很小的插曲而已。她没想到，这个小插曲居然还演奏出了大乐章。

大约两个月后，老农又来了。这次他领来了一个年轻的老板，说是他儿子，一开口就要买8台货车。原来，老农的儿子是一个包工头，不久前争取到了一个包工包料的基建工程，正好需要采购一些货车。

这还没完，接下来几年里，随着老农儿子生意的拓展，他陆续买了20多台车。除此之外，他还介绍了七八个朋友来购买，至于朋友再介绍朋友，那就不好统计了。

授人玫瑰，手有余香。对客户的关心与爱，要一视同仁。带有势利的“爱”，并不是“真爱”。

下面来看看日本大田百货公司是怎样善待客户，将功补过的。

美国运通公司在日本东京设立了一个办事处。办事处有一位员工叫罗伯特。有一天，罗伯特夫妇在东京的大田百货公司购买了一台CD唱机。

晚上，罗伯特夫妇回到在日本居住的家中，试用刚买回来的唱机时，却发现打不开。罗伯特心里非常窝火，打算次日大田百货公司一开门营业，就打他们经理的电话，要他们赔偿损失。

第二天早上7：59分时，罗伯特家的电话铃响了。电话那头传来热情有力的问好声。打电话的人是谁？

是大田百货公司的副总经理。他说他正带着新的唱机往他们家里赶。

10分钟后，大田百货公司的副总经理和助手已经毕恭毕敬地站在了罗伯特家门口。

一见到罗伯特开门，两个人不停地鞠躬，根本停不下来，嘴里不停地说：“先生，对不起；先生，对不起……”

两人鞠躬完毕后，向罗伯特夫妇解释是如何出现这种错误的，请求罗伯特夫妇的原谅。

原来罗伯特拿回家的这台唱机，是他们准备返回厂家待修的。服务生不小心放错了地方，当作新品卖给了罗伯特夫妇。

罗伯特刚一结完账离开柜台，服务生就发现了这个失误，当即打电话让门卫拦下他们。但是门卫告知，顾客已经打车离开了。

服务生立即向主管报告了自己的这项失误。十万火急！在他们看来，这是一件不能容忍的事情。主管逐级上报，一直惊动了副总经理。

如何找到这对夫妇？副总经理临时组织了“纠错小组”。

这个小组几乎一夜没有睡觉，通宵查找罗伯特夫妇的联系方式。公司唯一的线索，是罗伯特用来付账的美国运通卡的卡号和持卡人姓名。

这天夜晚，他们打电话给东京附近的32家饭店和旅馆，查找罗伯特的住宿登记记录，然而没有查到。等到第二天早上，才找到他们的电话与住址，于是当即火速地赶来。

年轻人解释完毕，再度鞠躬。副总经理眼含悔恨泪水，说：“爱每一个客户，超过爱我们自己。客户是我们的衣食父母，但我们做错了事情，耽误了您和夫人的宝贵时间和愉快心情，请求原谅。”说完献上礼品：一张激光唱盘，一盒饼干，一套浴巾。

临别时，他们再三恳求罗伯特夫妇原谅公司的过失，继续光顾大田百货公司，给他们将功补过的机会。

大田百货公司诚恳的态度，真心的道歉，让罗伯特夫妇感动不已。在这件事情之后，他们家中所有的东西，几乎都是在大田百货公司购买的。

罗伯特夫人是记者出身，她将他们夫妇与大田公司之间的故事，写成文章——《爱客户，胜过爱自己》在美国杂志上发表，受到了很多读者的热情反馈。

日本大田百货公司真的做到了服务至上，爱客户胜过爱自己。对于工作中的疏忽和失误，他们毫不宽容，立刻纠错补救。这样的做法，就是把客户当作“情人”来对待了。惟其如此，才能获得客户的宽容与谅解，最终赢得他们的信任。

在这个竞争激烈的市场中，不要认为客户在你这儿购买过一次东西，就会成为你的永久客户。哪个客户也没有注定一定是你的。他们最终选择的，一是质量，二是价格，三是服务。当前两者没有地方可以挑剔的时候，服务就是唯一的竞争手段，而服务的核心就是“爱”。

爱的关键又在哪儿呢？

——在于“用心”，在于持久。

第六章

销售不是打仗，双赢才是目的

如何营造其乐融融的销售气氛？

怎样推销有瑕疵的产品？

遭遇同行诋毁时如何应对？

销售界有一个经典命题：谁能把冰箱卖给爱斯基摩人？

我们知道，爱斯基摩人居住在苦寒的北极，冬季温度为零下四五十度，夏季温度也只有零度左右。他们一年四季都住在冰雪做的屋子里，对他们来说，整个大自然就是一个天然的大冰箱。很显然，向他们销售冰箱是一件很艰难的事情。

毫无疑问，销售员大都是一些极为自信的家伙，喜欢挑战各种“不可能”。这就是“谁能把冰箱卖给爱斯基摩人”这个命题出笼的原因。

也许真的有人能将冰箱卖给爱斯基摩人，但这并不意味着他是一名优秀的销售员。在我眼里，这个“聪明”的销售员其实是最愚蠢的。任他说得天花乱坠，冰箱始终是通过降温抑制细菌繁殖来保鲜食品的工具。北极不需要降温。至于有些人说将冰箱调到4摄氏度，放在北极能够让食物保持不结冰，这更是科盲。冰箱只能制冷，无法制热。

爱斯基摩人买下冰箱之后，会发觉自己其实是花高价买了一台不实用的“储物柜”。你想想，当爱斯基摩人感觉上了这个“聪明”的销售员的当，他们会怎么想，怎么看？

虽然我们经常说销售行业是一个没有硝烟的战场，但这个比喻说的是销售行业竞争激烈，以及身为销售人员必须具备战士一般的素质，而不是要求将客户视为敌人去攻陷他。

销售事业的宗旨是分享，就像乔·吉拉德所说的：“推销是一门双赢的艺术。”

与其费尽心思琢磨如何击倒客户，不如站在客户的立场上为对方多着想。

——原一平

只有互惠互利，才能做好销售

什么是双赢？

通俗地说，一是你自己得到了利润，二是客户也得到了中意的产品和服务——最好是高于他预期的产品和服务。

销售人员只有站在双赢的角度思考问题，销售之路才会越走越宽。日本日立公司广告课长和田可一曾经说过："在现代社会里，消费者是至高无上的，没有一个企业敢蔑视消费者，蔑视消费者的意志。只考虑自己的利益，一切产品都会卖不出去。"

销售业绩的好与坏，在很大程度上取决于销售员的客户资源多寡。扩大客户资源最有效的方法，就是站在双赢的角度思考问题，既考虑自己的利益，又保全客户的利益。

销售员与客户之间，是一种相互独立又相互依存的关系。销售员希望从客户身上获得更多更大的商业利益，而消费者希望用较小的成本获得最大的价值。如何才能达到两者之间的平衡？对此，乔·吉拉德说过一段很经典的话：

当客户向我买汽车的时候，我首先想到的是，他们挣钱也不容易。他们大多是工薪阶层，买车是他们最大的一笔投资。他们希望什么呢？

希望自己的钱花得不冤枉。他们不愿意被人嘲笑，怕人家说他买东西上当了，不是个明智的人。客户是胆小的，他们害怕销售员欺骗他们。何况这一行里，也的确有骗子，让不少人上了当。上当受骗的故事一再传扬，让他们更加恐惧了。

当客户信任你，购买了你的产品，享受到你的服务之后，就会对你产生信任感，并把你的产品和服务到处传扬。好的信誉一旦建立起来，每一个人背后都站着250个人，那么你的利润是很值得期待的。你在帮助客户，客户也在帮助你——这就是双赢的艺术。

乔·吉拉德对客户与销售员之间的双赢关系阐述得非常精当。由此我们明白，在销售员和客户这个天平上，倒向任何一边，双方都没有取胜的可能，只有互利互惠，才是生存之道。

下面来看一下天美时公司是如何创造与顾客之间的双赢局面的。

天美时手表，原来是一家专门生产军用计时器的公司。第二次世界大战后，军品的生意冷清了，管理层就想转向民用，为社会大众生产手表。

如何让大众接受？他们开始进行市场调查。销售员走进市场，向一个个顾客和商家问询。20世纪50年代，对于普通大众来说，手表还是奢侈品。当时的美国市场，中高档手表售价约50美元；另一类低端手表，售价约30美元。

随后天美时公司召开了转型会议，专门听取销售员的意见，让“听得见炮声的人参与决策”。一名销售员的话赢得了公司上下的一致赞同。

他是这样讲的：“我们首先想到客户，让他们每个人都能戴得起手表。为此我们要施行低价战略，提高技术，降低成本。哪怕每块手表售价就在10美元，我们每块手表只赚5美分，但如果让我们的手表大量涌向市场，我们也能赚上大笔利润。因为我们为客户提供了廉价优质的手表，客户必然会给我们带来利润。”

说干就干。不到三个月，天美时手表就上市了。靠着薄利多销的策略，一下子打开了市场大门。不到一年时间，天美时手表就占领了市场份额的95%。

一时间许多人都买天美时手表赠送亲友，销量一直不减。

之后，他们又推出了高端的天美时手表。

他们的广告打得也很吸引人：“我为顾客节省1美元，顾客送给我5美分。”

今天，天美时的分支机构已经遍布世界各地。

天美时是靠什么获得成功的呢？靠“我为顾客节省1美元，顾客送给我5美分”的经营理念和质优价廉的销售策略。这个销售策略是可行的，给双方都带来了获取利益的空间。

成功的销售需要坚持双赢原则。我们在为客户提供服务，向客户销售产品的时候，一定要站在客户的立场上，想他们之所想。

为客户着想，就是帮他们设计一条更经济的增加价值的路径。

时时刻刻为客户着想，帮客户省钱，然后我们再从中赚钱，这不是矛盾。当客户信任我们之后，会继续和我们合作。在长期的合作中，我们得到的利润比“一锤子买卖”大得多。大家想想，是不是这样？

人们嘴上要你批评他，其实心里只要赞美。

——威廉·萨默塞特·毛姆

嘴巴甜一点，好运多三分

有则小笑话，讲一个阿谀奉承之辈死后下地狱，对阎王花言巧语，好话连连。阎王恶其品性败坏，决定将其下油锅。左右小鬼正要行刑，该人仰头长叹：“我阿谀奉承一辈子，没碰到一个不喜欢的人，想不到变成鬼，遇上了一个铁面无私、明察秋毫的大王，也罢，也罢。”阎王听后，转怒为喜，喝令终止行刑，并赏该人官职。

笑话也是一种艺术，艺术来源于生活。生活中，有几个人会真的不喜欢听好话?

渴望得到他人的欣赏与认可，是人性深处的一个弱点。

在销售过程中，销售员若是能巧妙地恭维、赞美客户，既能营造其乐融融的氛围，又能拉近彼此之间的距离，为达成业务作一个良好的铺垫。

从事人寿保险销售的小路，曾经告诉过我一个故事。

三年前，小路向一位律师推销保险。律师很年轻，事业处于起步的艰难阶段，因此对保险没有兴趣，面对小路时一副很不耐烦的样子。但小路起身时的一句话，却引起了律师的兴趣。

小路说："先生，我深信您前程远大。"

"前程远大，何以见得？"听口气，好像怀疑小路在讨好他。

"几周前，我在报纸上看到一篇普法评论，那是我读过的最好的同类文章，条分缕析，深入浅出。刚才我看您的名片才知道，作者居然是您。"

听了这番话，律师立即露出了笑脸。他示意小路坐下，然后开始讨论有关法律与写作的问题。律师的话匣子打开了，说得眉飞色舞。

几个月后，律师就与小路签了一个小额的保单。没过两年，他逐渐成为一位小有名气的律师。因为小路一直和他保持着联系，两人的关系非常融洽，律师不但给自己和家人买了更多更大额的保险，还经常给小路推荐身边的一些朋友来购买保险。

一滴蜂蜜要比一桶毒药捕获的苍蝇多得多。嘴巴甜一点，好运多几分。赞美别人是一种美德，但最好不要说那些言不由衷的奉承话。当你认为这样赞美很恰当时，那就赞美客户吧，这就是所谓的极好的赞美时机。只要你的赞美有根有据、发自内心，就不用担心有"阿谀奉承"之嫌。对方埋藏于内心的自尊得到满足，那么他一定会非常高兴。

多年前，我去做陌生拜访时，怀着很忐忑的心情敲开了一扇门。门刚开一小半，一条穿着背心的小狗就从主人脚边钻了出来，睁着呆萌的大眼睛好奇地打量着我。我一下子被这只小狗吸引了，忘记了在脑海里重复过一百遍的开场白，脱口而出："呀，好可爱的狗狗！"然后忍不住蹲下身子摸它身上的背心："这小背心是您织的吧？"

主人自豪地说："对呀！"

我又接着说："真合身，鬃毛都收拾得整整齐齐的，您一定天天给它梳洗吧！真不容易啊！"

主人很愉快地说："是啊！是不容易，不过它很讨人喜欢。"

于是我们就这条小狗展开了话题，半晌才进入我的销售主题。这时主人没有像其他人那样"哐"地一声给我吃闭门羹，而是耐心地听了我的推荐，并答应考虑一下再给我电话。

当然，我没有等到这个人的电话。不过我又主动上门了几次，最后终于将业务做成了。

这次经历让我明白一个道理：由衷的赞美是销售的一件利器，比那些程序化、职业化的“话术”要有效得多。

此后，我有意识地培养和锻炼自己赞美别人的水平。比方到朋友家之后，看到客厅墙上挂着一幅山水画，我会“情不自禁”地赞许：“这幅画真不错，给这客厅平添了几分神韵，谁买的，真是好眼力!”看似我不经意地一句话，朋友听了却很欣慰。

有时候去客户家，如果客户有孩子，我会逗逗孩子，然后根据情况赞美一下孩子，比如“真聪明!”“好可爱”或“真懂事”等。都说孩子是自家的好，夸奖孩子时，家长一定会非常受用。

乔治·伊斯曼是一位鼎鼎有名的亿万富商。为了纪念母亲，他盖了一座戏院——基尔伯恩剧场。当时纽约高级座椅公司的总裁鲁姆斯·亚当森，想得到这两幢大楼的座椅订货生意。他同负责大楼工程的建筑师通了电话，约定在曼彻斯特拜见伊斯曼先生。

在见伊斯曼之前，那位好心的建筑师向亚当森提出忠告：“我知道你想争取到这笔生意，但我不妨先告诉你，如果你占用的时间超过了5分钟，那你就一点希望也没有了。他最讨厌人家占用他的时间，他很忙，所以你得抓紧时间把事情讲完就走。”

建筑师将亚当森领进伊斯曼的办公室，伊斯曼正伏案处理一堆文件。

过了一会儿，伊斯曼抬起头来，说道：“早上好！先生，有事吗?”

建筑师为他俩彼此作了引荐就离开了。亚当森满脸诚意地说：“伊斯曼先生，在恭候您的时候，我一直在羡慕您的办公室。假如我自己能有一间这样的办公室，那么即使工作再辛劳，也不会在乎的。您知道，我从事的业务是房子内部装饰工作，我一生还没有见过比这更漂亮的办公室哩。”

伊斯曼回答说："您提醒我记起了一样差点儿已经遗忘了的东西，这间办公室很漂亮，是吧？当初刚建好的时候，我也是极为欣赏。可如今我总是在考虑许多别的事情，有时甚至一连几个星期都顾不上好好看这房间一眼。"

亚当森走过去，用手来回抚摸着一块镶板，那神情就如同抚摸一件心爱之物，"这是用英国的榉木做的，对吗？英国榉木的材质和意大利榉木的材质就是有点儿不一样。"

伊斯曼答道："不错，这是从英国进口的榉木，是一位细木工朋友为我挑选的。"

接下来，伊斯曼带领亚当森参观了那间屋子的每一个角落，并把自己参与设计和监造的部分一一指给亚当森看，还向亚当森讲述他早年创业的奋斗历程。

伊斯曼情真意切地说到了孩提时家中一贫如洗的惨状，说到了母亲的辛劳，说到那时想挣大钱的愿望，以及怎样没日没夜地在办公室搞实验等。

"我最后一次去日本的时候，买了几把椅子运回家中，放在我的玻璃阳光屋里。可阳光使它们褪色了，所以有一天我进城买了一点漆，回来后自己动手把那几把椅子重新油漆了一遍。你想看看我漆椅子这活儿干得怎样吗？好吧，请上我家去，咱们共进午餐，饭后我再给你看。"

当伊斯曼说这话的时候，他俩已经谈了两个多小时了。到伊斯曼家中吃过午饭，他给亚当森看了那几把椅子。每把椅子的价值最多1.5美元，但伊斯曼却为它们感到自豪，因为这是他亲自动手油漆的。

对伊斯曼如此引以为傲的东西，亚当森自然是大加赞赏。最后，亚当森轻而易举地取得了那两幢楼的座椅生意。

嘴巴甜一点，好运多三分。身为销售员，在赞美这个基本功上要是不过关，起码要落后他人三分。

我总是站在客户的角度看待即将推出的产品或服务，因为我就是客户。我就像一个厨师，喜欢品尝食物。如果不好吃，我就不要它。

——查尔斯·斯瓦布

站在客户立场，重视客户的利益

美国汽车大王曾经说过这样一句话：“成功是没有秘诀的，如果非要说有的话，那就是时刻站在对方的立场上。”

多为别人着想，多了解别人的想法，这不仅仅有益于你与别人沟通，最重要的是，你借此知道别人的“要害点”，能够做到有的放矢。如果你时时站在客户的角度上看问题，沟通的顺利程度将会超出想像。

在这个方面，世界著名销售大师原一平就做出了表率。

有一位客户对原一平说：“我已经买了几份保险，我想退了，专门买你的保险。你觉得行吗？请你帮我谋划一下。”

原一平看了他带来的保单，诚恳地说：“你如果退掉这些保单的话，损失可就大了。因为你的这些保险已经买了好几年了，现在退掉会有不小的损失。”

“可是我们大家都喜欢你，我们家人也喜欢你，都想从你的手里购买保险。”那位客户继续表达他诚挚的情意。

原一平说：“这不合理，喜欢我，难道就要付出代价吗？如果你们喜欢我，给我多介绍几个朋友就是了。”

果不其然，这位客户在不到一个月的时间里，就为原一平介绍了十几个亲戚和朋友到原一平这里办理保险业务。

始终站在客户的立场想问题，关心客户的利益，并没有使原一平失去什么，反而使他获得了更多的信任和声誉，使他的客户如车水马龙般长年不停歇。

比尔·盖茨认为，站在客户的立场，设身处地为客户着想，是微软的行动目标，也是市场的需求，每一个员工都应该沿着这个目标去做。

站在客户的立场，为客户着想，首先要换位思考：假设自己就是客户，我想购买怎样的产品和服务？我真正需要的是什么？我会如何要求售后服务？

这样就能真正让自己站在客户的立场去看待问题。

李铭费了很大的劲儿，才终于说服一个人力资源中介做一块液晶大屏幕放在公司大厅。甲方老总将李铭带到大厅，随意用卷尺量了量，说：“做一块10平米的吧。”

李铭仔细测量了之后，对甲方老总说：“10平米太大，8平米正好，太大了视觉效果反而不好。”

有人说李铭很傻很天真，客户想做大一些还不好？做大1平米，李铭就多赚一份钱。可李铭却是这样说的：

“如果我没有说‘不’，而是按照他们的要求做了10平米。安装完毕后，如果他们觉得效果欠佳，我一句话就固然可以糊弄过去：‘当初是你们要做10平米的啊。’可我这么开脱，他们嘴上不说，心里也会觉得是我坑了他们。因为我是专业人士，应该提出对他们有利的专业建议。”

其实李铭就是在做换位思考，他想到对方将来会因为10平米的屏幕而不爽，因此提出了中肯的意见，避免给客户留下不好的印象。在现实生活中就是这样：销售员要让客户花的每一分钱，都能获得一分钱的价值。这才是长久的销售之道。

在为客户提出任何意见和建议时，都要告诉客户这样做对他有什么好处。这样的话，客户就会更容易接受。

一个年轻人要在银行建立一个账户。按照规定，银行营业员让他填写一份表格。但这个小伙子只愿意填写里面的一部分内容，另一部分内容则拒绝填写。这时候，如果银行的营业员公事公办地告诉他，如果不填写这些内容，银行就不给他开户，那么银行很可能会失去一位客户。

但是营业员没有这样做，而是对年轻人说，自己同意他的做法，换上自己是客户，也不想填那些表格。然后营业员又说："假设你的存款在银行里存一辈子，在你发生变故时，是不是希望银行把钱送给你的亲属继承？"年轻人说："是。"营业员又问："将你最亲近的亲属的姓名告诉我们，我们寻找起来是不是很方便，更容易找到？"年轻人说："是。"

这时候，年轻人的态度已经缓和下来了，因为他知道表格中的那些资料，不是银行所需要的，而是他个人需要的。最后他很自觉地填写了这些内容，满意地办理了一个账户。

作为一名销售员，能经常换位思考是非常重要的，设身处地地为客户着想，就意味着你能站在客户的角度去思考问题，理解客户的观点，知道客户最需要和最不想要的是什么。只有这样，才能为客户提供金牌服务。

己所不欲，勿施于人。

——《论语》

多一点儿换位思考，多一些成交订单

美国汽车大王福特曾说：“如果你问我有什么成功秘诀的话，我只能告诉你，设身处地替别人着想，明白他的态度和观点。”

对于一名销售员来说，换位思考会带来什么呢？在多年的培训工作中，我发现，通过换位思考，能让销售员更了解客户的需求，知道他们需要什么，不需要什么；能让销售员知道自己的产品和服务有哪些不足之处。这样销售员就能更好地调整思路，为完善公司的产品，为完善公司的服务提出合理切实的建议。同时，也提高了客户服务的水平，因为你知道他们在想什么，能够“一句话说到人家心窝里”，能够更有效地说服客户，从而更容易成交。

20 世纪有一项很重要的发明，那就是纸尿裤。这项发明让千千万万的父母们从侍弄婴儿的襁褓中解放出来。但是当初纸尿裤发明出来推向市场的时候，却遭遇到了一番尴尬。

宝洁公司刚开发出一次性纸尿裤的时候，也是信心满满的——它可以免去年轻父母清洗婴儿尿布的麻烦，又节约时间。这是个了不得的发明。这玩意儿一推向市场，要是不遭到哄抢才怪哩。

产品一投向市场，宝洁公司傻眼了。为啥？没有人要！

到底是什么地方出了问题呢？最后，一名销售员找到了答案。

这名销售员在大量调查研究的基础上，利用换位思考的方法，给公司高层写了一封信：

“我们认为非常了不起的东西，为什么没有人要？这种产品的优点是能够满足消费者某种需要，但是这也容易遭遇他们的心理排斥。我们宣传时，过分强调给年轻父母带来的方便，却使他们普遍产生了反感——对婴儿的负罪感。现在一个家庭就那么两三个孩子，贪图方便省事，好像是对孩子的一种不负责任。我们也应该换位思考一下，站在他们的角度考虑问题。大家想一想，是不是这样呢？”

公司高层接到这名销售员的信，非常高兴，立即约他面谈，商讨具体办法。

这名销售员给出了这样的答案：“纸尿裤是婴儿用的，他们是最终的消费者。但是购买的权力，却是年轻的父母。我们不妨换一下宣传方式，就说这东西‘更柔软，更吸水，更卫生，是对新生儿最好的爱’。”

你别说，就是这么一换说法，宝洁公司的纸尿裤一下子火了，居然出现了哄抢的场面。

同样一件产品，两种宣传，却收到了截然不同的效果。这显然是宣传定位角度不同造成的。先前的营销只是从给年轻父母带来方便的角度入手，结果出于对宝宝健康的担忧，深爱孩子的父母们丝毫不受诱惑，当然没有人买账。

后来换个角度，从给宝宝们带来的安全舒适度来讲，迎合了年轻父母的情感因素，结果购者如潮。

正是站在他人的角度，站在客户的角度思考问题，才使宝洁公司找到了问题的答案，使他们既给年轻父母带来了福祉，又从中赚取了大额利润。

下面再给大家讲一个例子，是我的一位学员的经历。

我有位姓郭的学员，很有意思。他在日本待了几年，回到上海后，想开一家日本料理店。

在选点的时候，他跑遍了上海的大街小巷，初步确定了五个“准位置”。这五个位置到底要哪一个呢？他一时拿捏不准，就向我讨主意。当时中国还没有专门替他这样的客户出主意的咨询公司。

我就说，你那五个位置是你自己确定的，不是顾客确定的。以后你做的生意是给客户做的，又不是给自己做的，不如让客户来确定吧。

于是，他就找到二十多位顾客，给他们发“日工资”，让他们从自己的角度说一说选哪个位置好。他出的题目是：“假如你是顾客，你应该选取哪一处？”

郭先生充分听取了他们的意见后，最后确定了店面的位置。

选了店址，下一步是装修。装修完毕了，郭先生的几个朋友一进里面，都感到很舒服，不由纷纷地问起他来：“搞得这么好，用的什么招啊？从头招来……”

郭先生说：“哪里有什么招啊，我不过是听了郑老师的话，凡事得让顾客说话，从他们的角度思考问题。”

几个朋友一听，就开始训他了：“呀，我说你这人也太傻了吧，听什么书呆子老师的。打从回国起，你就开始折腾这个生意，选地方，装修……这都半年过去了，还不就这名堂么？换了我们，早就开业了。”

郭先生说：“你们怎样做我不管，反正我觉得郑老师的话说得很在理。从开始起步到现在，我一直都是站在顾客的角度思考问题的。这还不够，我总是恭请一些未来的客户走进我的店里，让他们一个个给我提意见，从他们自己的角度来提，因此这才有了现在的装修格局。再说半年都过去了，我也不在乎这几天了。”

朋友们想了想，也觉得他说得有道理，便不再说什么了。

开业前一星期，郭先生听了我的话，请一批顾客来免费消费，但有一条要求：吃一次饭，要提一条意见。

几个朋友又不理解了：免费吃？这也太大方了吧。

郭先生说："只有换位思考，才能有机会一次性把事情做对。在日本，一家饭店开业之前，恐怕拿不准行情，找不到自己的毛病，专门掏钱请咨询公司帮助调查。我这让他们免吃，也不算多大方呀。

"再说，顾客只给你一次机会，假如你们到一个地方吃饭，吃一回觉得不好吃，你们还去第二回吗？这也要求我一次性就得把事情做对。我有啥办法？只能是换位思考了，站在消费者的角度考虑问题。

"来我这儿吃饭的可不是白吃的，得给我提意见才行。有人帮我动脑筋，求之而不得，这可是大好事啊，怎么说也不吃亏。"

"郭兄，你也太认真了吧？这是在中国，发现有问题，今后可以再改嘛！"朋友顶了他一句。

郭先生接着说："你们知道吗？日本一家咨询公司做过调查，60%的长期客户，都是前十天进店的客户。如果前十天留不住人，将来一个都不再来了。这店就一定得关门！不用考虑，百分之百的正确。好，也是给你一次机会；坏，也是给你这一次机会。上当受骗就一次。只有这一次，没有下一次。所以精明的日本人，无论做什么生意，都是提前换位思考。只有进行了换位思考，为客户想得十分周全，你的产品和服务没有可挑剔的地方，一炮走红才有可能。"

郭先生的店开业后，果然生意十分火爆。现在在上海已经有了十多家分店。只要一去上海，我也必然会去光顾，因为我也是他的一位忠实的顾客。

郭先生正是听取了我的建议，借用了日本商界的换位思考法，让自己以客户的身份，查找产品的不足，查找服务的不足。后来郭先生在我建议的启发下，还创新了换位思考的方法，用多种办法来为自己的产品和服务挑"毛病"，然后加以改善，最终有了很好的经营效果。

在最短的时间，帮助最多的人成功，你就很成功。

——乔·吉拉德

小心250法则，利用250法则

每一位客户身后，大约有250名亲朋好友。如果你赢得了1位客户的好感，就意味着赢得了250个人的好感；反之，如果你得罪了1名客户，也就意味着得罪了250名客户。乔·吉拉德把这种现象称作250法则。

250法则里的“250”，这个数字也并非空穴来风，而是乔·吉拉德从调查中得来的数字。

在乔·吉拉德从事汽车销售业务后不久，有一天他去参加了一个朋友母亲的葬礼。朋友母亲是一名天主教教徒，教徒们在举行葬礼仪式时，通常都会向现场参加者分发印有死者名字和照片的卡片。乔·吉拉德以前多次去过类似现场，但却从未思考其中有何门道。那天，他随口询问了葬仪社的职员：“你怎么知道要印刷多少张这种卡片呢?”

那位职员回答说：“这得靠经验。普通人的葬礼，参加者的平均人数约为250人。”

过了一段时间，一位服务于新教徒葬仪社的员工向乔·吉拉德买车。待一切手续完成后，乔·吉拉德问那位员工，每次参加葬礼的平均人数为多少人，他回答说："大概是250人。"

又有一次，乔·吉拉德与妻子应邀参加一个结婚典礼，遇见了婚礼会场的经营者。乔·吉拉德问他，一般被邀参加结婚仪式的客人人数是多少？他如此回答："新娘这边约250人，新郎那边估计也是250人，这是个平均值。"

在乔·吉拉德后来的推销生涯中，他时刻将250法则牢记在心，抱定生意至上的态度，时刻控制自己的情绪，不因客户的刁难或是不喜欢对方，或是自己心绪不佳等原因而怠慢客户。因为他知道，每一个客户的身后，都有一个相对稳定的、数量不小的群体。

很少有销售员会主动挑衅、得罪客户。多数情况下，销售员是无意之中言辞冒犯了客户。具体有以下几种。

一、批评性话语

这是许多销售员的通病，尤其是销售新人，有时讲话不经过大脑，脱口而出伤了别人，自己还不觉得。常见的例子是，见了客户第一句话便说，"你家这楼真难爬！""这件衣服不好看，一点都不适合你。""这个茶真难喝。"再不就是："你这张名片真老土！""活着不如死了值钱！"

这些脱口而出的话语里包含着批评，虽然我们是无心批评指责，只是顺嘴那么一说，可客户听起来会感觉不太舒服。

人们常说，"好话一句，做牛做马都愿意"。这也就是说，人人都希望得到对方的肯定，人人都喜欢听好话。不然怎么会有"赞美与鼓励让白痴变天才，批评与抱怨让天才变白痴"这句话呢。

销售员从事推销，每天都是与人打交道，赞美性的话语应多说。当然也要注意适量，否则会让人有种虚伪造作、缺乏真诚之感。与客户交谈中的赞美性用语，要出自你的内心，不能不着边际地瞎赞美。要知道，不卑不亢，自然表达，更能获得人心，让人信服。

二、主观性的议题

在商言商。与你推销没有什么关系的话题，你最好不要参与议论，比如政治、宗教等涉及主观性很强的话题。无论你说的是对还是错，这对于你的推销都没有什么实质意义。

一些新人，涉足这个行业的时间不长，经验不足，在与客户的交往过程中，还不具备高超的控制客户话题的能力，往往是跟随客户一起议论一些主观性强的话题，结果在交流中产生严重分歧。尽管在某些问题上做了“深入交流”，但是“深入交流”完之后，无论谁输谁赢，该笔业务基本告吹。这种主观性的话题争论，对销售产品有何意义？

有经验的老销售员，在处理这类主观性强的话题时，刚开始会随着客户的观点附和几句，并适时将话题引向销售的产品上来。总之，对这类话题，作为销售员应尽量杜绝，最好是做到避口不谈，这样做对你的销售会大有好处。

三、质问与反问

推销过程中，有些销售员也许担心客户没听懂，不经意中会以反问或质问的口气问对方：“难道不是吗？”“你个问题你应该明白吧？”……诸如此类质问与反问，给人一副居高临下的派头，会让客户心生不满。这种语言让客户感觉不到起码的尊重，也会随之产生逆反心理，这可以说是销售中的一大忌。

如果实在担心客户对你的讲解不太明白，你可以用试探的口吻询问：“有没有需要我再详细说明的地方？”这样会比较容易让人接受。

善待一位客户，就像点亮一盏灯，照亮一大片空间。有时候，乔·吉拉德会让客户帮助寻找客户。在生意成交之后，乔·吉拉德会把一叠名片交给客户，并告诉客户：“如果您介绍别人来买车，成交之后，每辆车您会得到 25 美元的酬劳。”多数时候客户会乐意地点头答应。

当然，点头答应不等于会去做，但总是有一些“好心”的客户。乔·吉拉德曾说，老客户带来的业务约占总订单的三分之一。

交易时，首先考虑的不应该是赚取金钱，而是要获得人心。

——松下幸之助

靠欺骗赢来的业绩不长久

一位朋友对我讲过他的一位亲戚张某的事，觉得张某做得实在太差劲儿了，居然连朋友也敢欺骗，真是一心钻进钱眼里去了。兔子还不吃窝边草呢，怎么能做出那样的事来？张某欺骗朋友之后，到底有没有好果子吃？下面来看一看吧。

张某是某家房地产公司的销售代表，他的任务是对二手房进行评估，然后寻找买主卖出去。张某的一个同学，也是张某的朋友，正好想买一套房子，便找到张某。刚巧张某接手了一套二手房，是一位出国留学人员委托出售的，对方急着出手。对这一套住房，张某进行了认真评估，发现各个方面基本上都不错，而且价格也比同类二手房便宜了 15 万元左右。

然而在实地考察时，张某发现了一个问题：这套房子紧邻火车铁轨，一到了夜间，有好几趟火车要经过，白天却没有火车经过。为了快些出手，赚上几万块钱的佣金，张某向朋友隐瞒了这一事实。他白天领着朋友看了几次房，晚上却借故不带朋友过去。

房子成交后，张某的朋友发现上当了。自己的父母年龄大了，都跟着自己过日子。他们夜晚一听见火车响声，都睡不着觉。张某的朋友气不过，觉得张某太不够义气了，就将这个事情大肆张扬。后来再也没有熟人和朋友找张某买房子了。

这就是一个明显的为了眼前利益放弃长远利益的例子。张某贪图的是眼下能到手的佣金，于是采取了欺骗的手法。虽然说张某也的确赚到了几万块钱，但却丢了自己在业内的声誉。

做销售要目光长远，永远不要被眼前的利益蒙蔽双眼。要积极为客户着想，把维系与客户的长久关系放在首位，这是一名销售员的基本信条。

我有一位叫杨水平的学生，他是一名药厂的销售员。他在刚进销售行业时，犯下了一些自以为很聪明、实则很低级的错误。

一天，杨水平受单位委派，到一家医院销售药品。

他首先找到这家医院主管药品采购的副院长，这位副院长姓赵。

杨水平这次销售的是治疗肝病的药。见到赵院长，他指着自己带来的样品说：

“哎呀，我们这种药品，是所有治疗肝病的药品中最好的，见效快，可以用‘药到病除’这个词来形容。”

赵院长听了，表情漠然。

杨水平没有觉察到，只是一个劲儿地说下去：“它还有个好处，就是这种药适应性强，所有的病人，什么样的肝病都能够治疗……”

赵院长打断他的话，说：“这种药我们医院从前用过，我问问下面的医生，看他们的反映如何。”

赵院长起身离去，去相关医生那儿打听去了。一位医生说：“赵院长，我实话实说。这种药效果还是不错的，属于中上等，但是没有销售员说的那样神。也就是说，效果是有，但是他夸大了。”

赵院长回来后，对杨水平说：“这种药也算是不错的，的确能使患者减轻痛苦，缓解病状，但是你不该夸大，有一说一，有二说二就是了。其实，你只要把真实的情况告诉我，我们还是愿意接受的。不过现在……”

随着市场竞争日益激烈，同质化产品越来越多。不少销售员不惜夸张宣传，强调自己的产品是“最好的”。其实这种招数，对于不知情的一般人还真能唬弄一时，但是遇上专业人士就得穿帮。

杨水平就是这样穿帮的。为了业绩不顾事实，夸大宣传，给对方一种不信任的感觉，最终被拒绝了。即便对方暂时接受了你的产品，但是用了之后，发现没有你吹嘘的那么“神”，也会拒绝继续使用。

夸大其词，必然让信誉毁于一旦。除了夸大优点之外，还有一种“单赢”，是故意隐瞒缺陷。明明产品有某种不足，销售员却故意不说，刻意隐藏起来。这也是一种不诚实的做法，容易引起客户的反感。

李前进是一名楼市销售员，最近摊上了一个“烂活儿”。

销售经理让他销售“×××”楼盘。这个楼盘所在的位置风景幽雅，内外设施都不错。唯一的缺点是：该楼盘紧邻一家木材加工厂，白天时不时的有电锯噪声，让人难以忍受。这个缺点让楼盘即使价位较低，也鲜有人问津。

在李前进之前，公司的十几个销售员在销售过程中，都故意隐瞒这个缺点，试图蒙混过关。但是客户一旦发现后，就不再与他们联系了。

李前进接了这个活儿后，思考了很久，决定按照事实，对客户讲明利弊。

他如实做起了推介工作。有好几个户谈了后，最终都落空了。他心里没了底，也开始有点动摇了：我是不是不应该言明楼盘的弊端？

正在纠结犹豫期间，他签了第一个订单。这是一对在南方打工的年轻夫妇，手里的积蓄买不起太贵的房子，三五年里也没有回家的打算。只是看着房价一天比一天上涨，就想不如买个房子放着，心里踏实。因为长时间不住人，所以对噪声的反感也并不强烈。

李前进是一个喜欢思考的人，他自己做了一番假设：如果我一开始没有说明楼盘的缺陷，只是一味强调环境好，设施齐全，价钱低这些优点，这对夫妇满怀兴奋地来看房，发现有噪声这么大的缺点，他们还会买房吗？

他换位思考推演了一番，得出的结论是：不会。客户除了强烈的心理落差导致的失望之外，还会对销售员产生极度的不信任（保不准还有什么缺点瞒着我呢）。试问：这样的客户谁能搞得定？

后来，李前进坚持自己的销售思路，对每一个客户都实言相告，还真的取得了不错的销售业绩。他的客户里，除了在外打工的人之外，还有早出晚归的生意人，甚至还有两个耳背的老年人。

由此可见，缺点并不可怕，可怕的是隐瞒缺点。世界上没有十全十美的产品，敢于亮出自己的缺点，首先是诚实，其次是自信。

在现实的销售中，很多销售员都陷入了一个误区，以为把缺点通通掩饰起来，就能把产品顺利地“嫁”出去。一旦签约，覆水难收，客户想反悔也无法挽回了。

其实这是一种低级的销售手法。成功率有没有？当然有，但是最后你会成为客户眼中的骗子，会在客户心里留下忌恨的种子，导致不良后果。好一点的，就是客户以后不再购买你的产品了，通过宣传让你的客户越来越少；坏一点的情况就难讲了，人生无处不相逢，挨一顿骂或一顿揍都是有可能的。

缺点瞒不住，再不承认就晚了。不要以为老实人吃亏，在市场竞争激烈的情况下，首先淘汰的就是那些造假分子。面对同样的缺点，由于需求不同，有人会选择放弃，而有人则会选择购买。所以让缺点暴露出来，无论如何都不是坏事情。这世上哪有十全十美的东西呢？

如果我们对缺点或缺陷做更进一步的分析，就会发现：有些缺点的商品其实更容易俘获客户的心。20 世纪 80 年代中期，美国克利夫兰州立大学通过研究，发现了一个惊人的现象。在一次试验中，研究者创造出两个虚拟求职者：大卫和约翰，两人拥有几乎完全相同的简历，只是一位承认自己有缺点，另一位则没有。最终招聘者却录取了前者。

心理学家认为：由于本性使然，人们很难亲近或信任那些看似没有弱点、缺点或错误的人。

这种“自爆缺点”的方式，适用于做人，也适用于做销售。在互联网时代，如果有两个产品品质、价格都一样，你肯定不会选择那个言之凿凿完美无缺的产品吧？你看那些知名汽车品牌的软文，每一篇宣传文字在介绍优点之后，都不会忘记“吐槽”一两个小小的缺点。当一些品牌沉浸在自我包装的虚幻完美中时，聪明的厂商用一句“起步急加速有点慢”或“价钱有点贵”，就能让销售业绩异军突起，赢得大量客户的芳心。

以上就是所谓的“缺点式营销”。其重点是：所谓的缺点，不是客户所重视的焦点。“起步急加速有点慢”，有几个人会在汽车起步时急加速？又不是赛车比赛。“价钱有点贵”，只要质量好，“有点贵”很正常，再说“贵”也是身份的象征。

销售员们不妨在销售中尝试、总结、完善“缺点式营销”。一旦掌握到位，运用娴熟，也可以成为销售工作中的一件成交利器。

那些能够赚大钱的人，都是懂得如何让别人赚钱的人。

——宗庆后

莫把同行当冤家，冤冤相报何时了

在销售中，遇到竞争对手是很常见的事。有一些销售员为了拿到单子，往往会贬损竞争对手以提升自己的竞争优势。这样做其实很不明智，往往最终连你想要的“单赢”也实现不了。

首先，你会因此招来对手的报复。你说过的“坏话”，十有八九会传到对手的耳朵里。因为客户听了你的话时，不管信还是不信，心里多少是会有些忐忑的。那么他很可能会问对方的销售员，将你说过的问题一一求证。对方的销售员肯定不傻，一定会追问信息来源。客户可没有义务为你保密，即使保密，作为同行的对方也能猜出个八九不离十。这时候，你与同行的“梁子”便结下了。

其次，你会失去客户的信任。上面说了，针对这种情况，同行一定会做解释与辩护。这些解释与辩护被客户听了，多少会听进去一些，这样也会对你的话产生怀疑。再说，同行一定也不会放过这个机会，对你的产品大肆攻击。两方互相揭短，鸡飞狗跳，遍地狼藉，最后无非是“双输”。

此外还有一个隐患。如果同行在客户一方有某些你不知晓的关系，那么你的下场就更惨了。一般来说，如果客户是企业或事业单位，上门开发业务的销售员多少会有一些或深或浅的关系。你不明情况，上去就是一阵炮轰，很容易误伤客户方的人。比如，对方的业务员是副总介绍来参与竞争的，副总在老总面前还美言过对方。结果你一阵贬损，不是让副总脸面无光吗？就算你真的将对方给挤跑了，单子也绝对轮不到你做。特别需要注意的是，如果对方与客户合作已久，那你就更要小心了。在这样的情况下，若是想靠贬损对手的方法获胜，不知道会得罪多少客户方的人——你还赢得了吗？

也许有销售员会有疑问：不贬损竞争对手，怎么去抢单呢？

原一平认为：以询问的方式是一个不错的方法。例如，某负责大型复印机租售的业务员小张在一个数码印刷店开发客户时，问了以下这些问题：

“老板，您现在用的是什么牌子的复印机？”

“维修保养费怎么计算？”

“售后服务还满意吗？”

“A4 纸的单色复印成本是多少？”

……

当然，你不要连珠炮般地发问，而是要将这问题巧妙地融入对话之中。同时，你也可以适时将自己公司产品（服务）的优势展示出来。不直接攻击对手，只是将自身的优势告诉客户，由客户自己去下结论。

不贬损竞争对手的产品，是销售员应该遵循的一条铁的纪律。把别人的产品说得一无是处，绝对不会给你自己的产品增加一点好处。在面对竞争对手时，心胸一定要豁达。你的目的是推销产品，而不是为了跟对手斗气。

当你遇到不讲规则的对手贬损本公司产品时，又该如何应对呢？

当本公司的产品被贬损时，当然必须辩解，但是辩解的方法很重要。

首先，不要硬生生地把客户顶回去，什么“这不对”“您错了”之类的话不要说。

其次，摆事实，讲道理，用理性的语言而不是感性的言辞去辩护。

摆事实时，数据是最有效的一个武器。比方说：“在北京市场，我们已经销售了 5000 台 A 机器，一年内的返修率为 0.18%，用户满意度为

99.6%，所以质量和售后这一块我们还是做得比较到位的。”

辩解时，也可以用本公司产品的长处和竞争对手产品的短处巧妙地进行比较。例如：“据我所知，同行的返修率一般是0.25%左右，例如B公司就是0.24%。”只要你的数据没有失真，不是捏造，那么并不会伤害到客户，也不会引起对手较大的反感。

总之，市场竞争就像一个大舞台，每个销售员登上这一舞台，展现的不只是自己的产品，还有自己的人品。这个舞台的观众——你的客户，会根据你的一言一行，对产品做出选择。

用光明正大的方式竞争，不仅能赢得客户的尊敬，也能赢得对手的尊敬。只有得到尊敬，生意才能兴旺并做得长久。

第七章

提供优质服务，培养忠诚客户

怎样让客户带来更多的客户？

当客户抱怨时如何应对？

怎样让“变心”的客户回心转意？

销售是一种服务。

一般来说，在客户签单之前，销售员的服务是上心的。签单之后还能那么上心的，恐怕就不多了。等到哪天想起了这个客户差不多又该采购了，于是又是电话、短信，又是登门拜访。这样给客户的感觉是你太势利，把他当摇钱树，有钱可赚时摇一摇，没利可图时晾一边。

对销售员来说，服务也是一种销售。销售前的优质服务能带来良好的销售，销售后的优质服务则让销售具有可持续性。乔·吉拉德就曾对销售起了个别名：服务。他说："销售就是服务，服务，再服务。为你的客户提供更多更好的服务，于是他们确认和你做生意。如果和别的人做生意，都是不义气的事。"

销售的过程如同一首交响乐，前奏固然动听，过程也是高潮迭起，但惟有结尾与之呼应，才能称得上是一场成功的演奏。销售员应为自己打预防针，这支预防针就叫全心全意为客户提供售后服务。也只有这样，才能为你带来更多的"回头客"。

我相信推销活动真正的开始在成交之后，而不是之前。

——乔·吉拉德

优良的售后，就是优良的销售

售后服务，表面上来看是在商品出售以后提供各种服务，但是从长远来看，售后服务也是一种销售手段。原一平曾经说过：“优良的售后服务就是优良的销售。”

当你用长期优质的售后服务将客户“俘虏”后，你的竞争对手就没有机会接近客户了。永远跟你走的客户，并不是靠一次特别的事件，而是靠细水长流，潜滋暗长。

要想建立长期的合作关系，对于售后服务决不能小视。若抱着临时抱佛脚的心态，收益始终是微薄的。

营销学上有一个通行说法：企业多维系5%的老客户，利润可以增加70%以上。为什么5%的老客户可以增加70%以上的利润呢？

首先，老客户营销成本低，不需要到处打广告做促销来吸引他们购买。

其次，促单成本低，不需要艰难的沟通谈判过程。

再次，对价格不是很敏感，合理的利润能得到保证。

第四，老客户本身就是你义务的广告员与销售员，能为你带来更多的客户。

下面来看看“老谋深算”的乔·吉拉德是怎样精心经营他的老客户的：

五年前，戴维曼曾经从乔·吉拉德那里买了一辆汽车。也就是从那时起，戴维曼再也没有从乔·吉拉德那里“逃出魔掌”。

戴维曼开玩笑地戏说：“乔·吉拉德这小子太有黏合力了。从我买车那天算起，几乎每周都离不开他的身影，要么是电话，要么是信件，要么是他上门。有人说，除非你出了国，你才能摆脱乔·吉拉德这个混小子。错了，错了，好几次我在国外，他照样电话追上来。我和我的朋友，还有我的亲戚，已经从乔·吉拉德那里买了二十多辆车子，反映都好。”

乔·吉拉德这个老牌销售高手，他的成功秘诀是什么呢？

按乔·吉拉德自己的话说：“谁跟谁也没有关系，关系得有联系，不联系何来的关系？我得经常跟我的客户保持联系，没有联系，关系就断了，这样怎么会有后期购买？”

乔·吉拉德这一席话，道出了他的成功真谛——联系，联系，再联系……

不少销售员都是过河拆桥，东西一卖出去就“再见”。乔·吉拉德不这样，他长年如一日，每个月都要给他的客户寄出一封信，一个不漏。

人们一看见是销售员的信，往往会丢在一旁。为了防止这种问题发生，乔·吉拉德这个心细如发的人，就把这些信件装在普通信封里。信封的样式、颜色、大小经常调换，如果不打开，谁也不知道里面是什么内容。每封信，乔·吉拉德还会随信附上一张卡片。虽然卡片的表面上都写着“我爱你”，但是卡片里面的内容月月不同。

每月的 1 号还有 15 号，乔·吉拉德从来不在这两天发出信件。为什么呢？这两天正是人们缴纳各种日常费用的时候，心里头都烦着呢。乔·吉拉德希望客户收到信件时心情愉快。

对此，乔·吉拉德说得很直接：“每一年我都要用非常快乐的方法，让乔·吉拉德的名字在客户家中出现12次。”

给客户写信，成为乔·吉拉德的日常习惯。乔·吉拉德的客户都喜欢他，他每年交易量的70%都来自于客户的再度合作、三度合作或N度合作。

可以这么说，乔·吉拉德绝大部分的成功，靠的就是对老客户的“跟踪追击”，电话、信件月月不落下。于是老客户带动新客户，乔·吉拉德何愁卖不动他的车子呢？如乔·吉拉德那样，优秀的销售员都会花心思增进与客户的关系。若把生意看作是一锤子买卖，是非常愚蠢的。

增进与客户之间的感情有以下方法。

其一，与客户共同组织联谊活动。比如说，邀请客户到公司，询问他们使用产品的情况，给出指导性建议。这种交流不涉及商业问题，双方的关系也因此更进了一步。

其二，利用客户档案做文章。客户档案应尽量地丰富，不要只是列举一些简单的数据。这样我们可以根据客户档案，找到更多的服务客户的机会。在客户的特殊日子，如生日、母亲节等，可以给他们一个意外的惊喜。

其三，提供个性化的产品或服务。例如，推荐专门适合某人用的化妆品，专门为某人提供某种特殊的服务。

其四，回访客户。经常做一些电话拜访，询问他们使用产品遇到的问题，提供专业的解决方案。

销售员与客户之间的关系要长期维系下去，首先要有利益关系作为基础。如果回回让客户吃亏，让销售员占便宜，客户肯定不干的；反过来说，回回让客户占便宜，销售员一分钱也不赚，让销售员喝西北风，这种关系也不会维持长久。

双赢基础上的利益关系，这是维持客户关系的基础。要稳定这个基础，必须要以优质的产品和服务来维系，这一点不能忘记。

光有利益关系是不够的，最终还要求得情感上的认同。当你的产品与竞争对手的产品差不多的时候，当你的服务与竞争对手的服务差不多的时候，当客户并没有什么特殊要求的时候……那么客户选择服务与产品的依据，就变成了对销售员情感上的认同。

一定要学会与客户保持长期的关系。如果不懂这个道理，或者弄懂了不去实践，就是与钱过不去。

最有效的资本是我们的信誉，它24小时不停为我们工作。

——原一平

真心服务客户，才能得到回报

在一次企业内训课上，我问台下的销售员："有没有一个产品，永远能超越对手，不可替代?"

销售员全部举手表态，一致回答——不可能!

既然如此，客户凭什么要一直跟着你?有没有一种办法让客户永远跟着你走?

大家的答案是：售后服务。

是的，只有服务，优质的服务，才能让客户永远跟你走。

作为一名销售员，如果你提供了不可替代的服务，就能让成交带来更多的成交。而那些不注重售后服务的，成交就如同一夜激情，天亮后就说再见。

优秀的商家和销售员视客户为衣食父母，对客户充满敬畏之心。把客户当成父母，就要学会换位思考，就要学会敬畏客户，知道报答客户的"恩典"。

沃尔玛创始人山姆沃顿曾说过这样的一句话："如果客户想惩罚

我们，有一个很简单的方法——那就是不到我们商店里买东西。我们要把客户当成我们的衣食父母，毕恭毕敬。真心地服务客户，才能得到他们的回报。”

沃尔玛公司遵循一个世界著名的原则——三米原则。沃尔玛公司的员工，无论何时，只要顾客出现在三米的范围内，员工必须主动跟顾客打招呼，微笑，注视对方的眼睛。

光微笑是不行的，沃尔玛还规定了微笑的标准——要露出“八颗牙齿”。同时还要鼓励顾客提出他们的咨询和疑问。如果一名员工连续三天没有顾客对其咨询，就说明该员工的服务有不到位的地方。对于客户服务，他们的口号就是：超出客户的期望！

沃尔玛成立于1962年，总部在美国的阿肯色州。50多年后的今天，沃尔玛已经成为世界上最大的连锁零售企业，在全球开设了超过10000家商店，员工总数220多万人。山姆沃顿的成功秘诀就是“视客户为衣食父母”，把服务做到超出客户的期望。

有些商家没有这样的服务意识，甚至连基本的尊重都不能给予客户，最终也坏了名声，丢了客户，直到关门倒闭。

这里就有个例子，是我前一段时间从一份报纸上看到的。

三月某一天的下午五点，张云同到某家超市买东西。交完了钱，张云同急着回家，没有等购物小票盖章，便直接走到了超市的出口。

一名工作人员叫住了张云同。也就在这个时候，一名女服务员手里拿着老年布鞋空包装盒，要张云同交出来。

张云同看到人群越聚越多，非常生气，说自己没有拿他们那种品牌的老年布鞋。当着女工作人员和众多顾客的面，他将自己的所购物品与购物小票对照，没有发现女服务员所说的那种牌子的老年布鞋。

女工作人员便要求张云同自行搜身，张云同坚决不答应。超市人员簇拥着张云同进入派出所，直到超市盘点时发现没有丢东西，才放张云同回家。

张云同为什么拒绝当着众人的面自行搜身？原来他的左臂是假肢。

两天后，张云同要求超市道歉。当天下午，两名超市的工作人员，带着那名引发事件的女服务员，来到了张云同家里。

看到张家的防盗门没有上锁，三个人直接跑到了张家的屋里去。张父问他们三人是干什么的，要求他们出示证件，遭到拒绝。在对话中，三人不仅没有道歉的意思，反而大加指责，出语伤人："想证明清白，就该脱光衣服检查！"张父打110，在巡警的劝说下，三人才离开了张家。

这件事经媒体曝光后，在网络上引起很大的反响。顾客纷纷指责这家超市。

这家超市的顾客逐渐稀少，现在已经关门停业了。

看到这里，我只能说这家超市关门停业是活该。如此对待顾客，一点起码的尊重也没有，凭什么让顾客跟着他们走？

马云说："我最想见的人是我的客户，最怕见的人也是我的客户。我经常对员工这样讲：我们公司是客户第一、员工第二、股东第三。我们的真正衣食父母是顾客，这是我们的根。"

如果说尊重别人是一种良好的德行，那么尊重我们的客户则是一种准则。对待我们的客户要诚惶诚恐，如果没有他们购买产品，我们就只有失业、转行。

客户，他们才是真正为你们发薪水的人，他们才是你们的真正老板。因此要发自内心地善待上帝——我们的客户，视他们为我们的衣食父母。只有为客户提供超出他们期望的服务，才能吸引他们，留住他们，从而留住我们的饭碗，创造永续经营的良好态势。

你说什么客户不会记多少，但你带给他们的感受，他们却永远忘不了。

——西门·海尔

想客户之所未想，急客户之所未急

我曾在一本专业杂志上读到一份调查报告，内容非常让人震惊。这份调查报告说：一些注重服务的公司，往往多收产品价格10%的钱，用这个作为服务费，但是这些公司的市场占有量每年却增加了6%；而那些不注重服务的公司，他们没有多收客户一分钱，却每年都要损失两个百分点。

这说明只有优质服务，才能够得到市场的积极回报。服务到位了，订单才能到位，价格才能到位。

佛雷德，一个不起眼的邮差，隶属于美国联合快递公司。他的任务是为小区的住户收送邮件。

小区内有一位职业演说家，相当有名气，名叫桑布恩。桑布恩常年应邀外出讲演，一年有160～200天不在家里。

佛雷德知道后，特意向桑布恩要了一份年度行程表。桑布恩很是不解："这个对你有用吗?"

"用处大了。有了它，您不在家时，我可以暂时代管您的信件，您一回来我马上送给您。"

桑布恩感到不好意思，他从来没有碰到过这样好的邮差：“朋友，没必要搞这么麻烦，把信件放邮箱就行了，我回来再取吧。”

佛雷德解释道：“窃贼经常观察住户的邮箱，如果邮箱是满的，说明主人不在家，他们就该下手了。”

佛雷德接着说：“邮箱的盖子只要还能盖上，我就把信放进去。邮箱放不下的邮件，我放在你的房门和铁栅门之间。如果那里也放满了，真的没有办法，我就把其他的信件暂存，等着您回来。”

桑布恩欣然同意。半个月之后，桑布恩从外地出差回来，发现门口的擦鞋垫不见了。一看，不知怎么跑到门廊的角落里了。再仔细一看，擦鞋垫的下面还遮着什么东西。

问佛雷德到底是怎么回事，原来是这样的：桑布恩不在家期间，联合快递公司把他的包裹放到了别人家里。佛雷德看包裹送错了地方，就拿了回来，送回桑布恩的住处藏好。为了说明原委，还在上面附了张纸条作为说明。用擦鞋垫遮住，是为了防止外人发现。

在美国，邮政公司之间的竞争已经白热化。抢占市场份额，靠的就是服务。佛雷德通过这种人性化的服务，“绑定”了一大批忠诚客户，创造了不可估量的无形价值。正是有众多佛雷德这样的人物，才使得美国联合快递公司在激烈的市场竞争中脱颖而出。

服务，过去总是说“想客户之所想，急客户之所急”，现在这个说法已过时了，应该改成“想客户之所未想，急客户之所未急”。这种超乎寻常的服务精神，不下狠功夫，一般人是模仿不了的。

3 年前的 8 月，浙江台州遭遇了一场数十年不遇的强台风。

销售员张文灿有一位客户叫韩定国，张文灿经常叫他“老韩”。这老韩有一个仓库位于海堤内 30 米处。

老韩这个仓库的位置太危险，容易出大事，连保险公司也拒绝承保。

那天台风紧急警报发布后，老韩抱着侥幸心理，以为这场台风不一定在自己仓库这个地方登陆，便没有当成一回事。

销售员张文灿得知这一情况，非常着急，马上给老韩打电话，催老韩把仓库换个地方。换了地方之后，还要尽快投保。

这还不说，张文灿还带着三辆大车，亲自赶到台州，一边说服老韩，一边指挥搬迁。

老韩这回听了张文灿的话，当即开始搬迁。

搬迁工作接近尾声的时候，台风来了。

台风伴随着海啸，瞬间重创了这个城市。与老韩在同一地方的好几个仓库，都遭受了没顶之灾，每位客户的损失都在几百万元以上。

事后老韩想起来就有些后怕，于是专门找到张文灿道谢，并赶到公司致谢。

从此，老韩对销售员张文灿更加“忠诚”了。老韩是个大型代理商，每年从老韩这里发出的货物不下300万元。近两年，光从张文灿处就进了700多万元的货。

其实，销售员张文灿完全可以不关心老韩的事情，因为货已经卖出去了，款也付过了，对方无论损失多大，都与自己无关。但是张文灿把客户的事情当作自己的事情来做，想客户之未想，急客户之未急，让客户避免了一场大灾难。

什么是一流的服务，这就是一流的服务！这样的销售员，这样的服务客户的做法和态度，客户如何会不跟着他走呢？这样忠诚的客户，又有谁能抢得走呢？

经济学家调查了世界500强企业，观察他们的客户状态时，有一个重大发现：由于服务到位，忠诚客户主动重复购买，为企业节省了大量的宣传费。他们还将企业推荐给亲戚和朋友，成了企业的兼职营销员——这一块，才是500强企业利润的主要来源。

那么怎样才能做到服务到位呢？我认为须从以下几个方面做起。

首先，要做到礼貌服务。在整个服务过程中，销售员要从言行上表现出对客户的尊重和友好，注重礼仪，讲究礼节，仪表、举止、语言都要规范。这是一名销售员主动、热情、服务周到的外在表现。

其二，要做到主动服务。这就要求服务在客户开口之前，想他们之所未想，急他们之所未急。只有把自己的情感投入到一举手、一投足的服务中去，真正把客户当做自己的兄弟姐妹，当作有血有肉的人，才能从心里真正理解他们，关心他们，才能使自己的服务更具有人情味，让客人倍感亲切，让客户从中体会到销售员身后所代表的企业服务水准。

其三，要做到关怀理解的服务。这种服务要求销售员，对客户的心理和需求有深切的理解，因而富有同理心，能发自内心地、满腔热情地为客人提供服务，让客户时时处处感受到温暖。

其四，要做到周到服务。这种服务又叫个性化服务。和一般意义上的规范化服务不同，周到服务的要求更高、更细。这种服务是专为那些特殊客户提供的，他们往往有偶然的、特殊的要求。它执行起来虽然麻烦不小，但却常常能够为我们带来意想不到的收获。本节所讲的两例均属此列。

这四个方面做好了，我们服务的功夫也就做足了，业绩自然会提升，毋需打着灯笼火把满大街找订单了。

孙中山说："人生以服务为目的，当有能力为千万人服务时，就要为千万人服务；当有能力为千百人服务时，就要为千百人服务；只有能力为一二人服务时，就尽力为一二人服务。"能够为他人提供服务不是耻辱，而是光荣，服务是社会赋予我们每个人的责任。

第一条，客户总是对的；第二条，如有疑义，请参见第一条。

——罗伯逊·沃尔顿

客户抱怨在哪里，机会就在哪里

日本企业家松下幸之助说：“如果客户投诉我们，这是个好事情。对于我们来说，这是一个纠正错误的大好机会，我们应该感谢他们。如果他们不来投诉，那么人们对我们的坏印象就会永远留在心里，我们还有弥补的机会吗？抱怨我们的客户，说明他们有需求，只是我们不能很好地满足他们的需求罢了。可以这么说，客户的抱怨在哪里，需求就在哪里。”

一些销售员经常告诉我，每次在遭遇客户抱怨时，心里总忍不住激动起来，不知怎么的就和客户吵了起来。我对这些销售员说，人家激动你不能也激动，一定要保持情绪稳定，当作一件平常事来对待，搞清楚事情的来龙去脉。

客户抱怨的原因到底是什么？责任在谁？弄清了这些问题，才能找到解决问题的办法。如果对客户的抱怨置之不理，或者顶着干，必然会扩大事端，损害销售员和公司的形象。

反过来说，如果对客户的抱怨处理得好，则会变成销售员和公司完善自身的一个机会。美国威顿公司一项调查数据显示，如果抱怨解决得快，解决得好，100 个抱怨的客户将有 95 个会成为忠诚的客户。

下面的一则真实故事，讲述的就是一位抱怨的客户如何成为忠诚客户的。

多年前，美国一位女士在喝可口可乐时，发现里面有一枚别针。她气愤异常，直接到可口可乐总部去投诉："我买的可口可乐里，竟然发现了一枚别针！你们一定要给我解释清楚。否则我到法院起诉你们，然后通过媒体曝光！"

太可怕了，可乐里面发现了别针！这可不算是小事，可口可乐高层大为震惊。

可口可乐高层为此专门成立了一个"危机处理调查组"，马不停蹄地赶到出事地点——科罗拉多州一个名叫布瑞英克的小镇。

根据那位女士的指引，调查组找到出售那瓶可乐的零售店，由此找到了批发商。

初步结论下来了，这瓶可乐是科罗拉多州一家可口可乐分厂生产的。

调查组带着那位女士对这家分厂进行了突袭式检查，发现这家工厂生产条件很好，又干净又整洁，员工也有责任感。这不可能吧？这样的工厂怎么会将别针放进可乐里？

追查告一段落，调查组向那位女士道歉，发自内心地说："现在你也看到了，这里的生产条件很好，纪律严格，员工对客户也忠诚负责，出现这样的事情，肯定是个意外事件。唯一不足的是，我们实在是找不到问题到底出在哪里。今后，我们公司将进一步严格管理，保证不再发生类似事件。不过，这件事让你受到了惊吓，公司赔偿你 1 万美元的精神损失费。

那位女士怒意全消，为可口可乐公司的真诚所感动，以后仍然是可口可乐公司的忠诚客户。这还不算，事过之后，她还受到可口可乐公司的邀请，到公司总部参观考察。

尽管没有找到事故的原因，可口可乐公司处理客户投诉的态度和做法却是值得学习的。光依靠争辩是解决不了问题的，也是没有答案的。可口可乐公司有礼有节，不急不躁，勇于自查，并且带着那位女士直接去调查，意在告诉她“我们不护短”。实在找不到原因了，也只得自担责任，息事宁人。最后赢得了客户的谅解和信任。

美国威顿公司还有一项调查数据显示，100 个对企业不满意的客户，只有 1 个人会说出来，发出自己的抱怨。其他的客户不满意也不会说出来，而是选择购买别家公司的产品。这 1 个站出来的人，其实是公司最有希望挽回的客户。这就好比在生活中，不怕你的妻子、你的上司在你做错时抱怨你，最怕他们不抱怨——那时，你就根本没有挽回的机会了。

对于客户的抱怨，我们一定要慎重。如果我们能够对他们的抱怨进行仔细分析，不难发现有下列几种情况。

其一，对我们的产品不满意。

其二，对我们的服务不满意。

其三，对我们的销售技能不满意。

其四，对我们的竞争对手提供的产品和服务感到更满意，或者感觉比我们强。

其五，客户本身有问题。

在这五种情况中，最后一种不是主要的，主要的还是前四种原因。从中可以看出，客户之所以“冒风险”提出抱怨，是公司和我们的销售员自己没有做好。

受到批评是令人难以接受的，但也不失为一种幸运，因为有人勇敢地把你的缺点指了出来，而不是让问题永远成为问题。古人云：闻过则喜。通过“闻过”，我们可以提升自我品质，改善宾主关系。这实在也是一件值得欣喜的事。

在倾听客户一次次的抱怨声中，我们会学习到许多东西：客户要什么，不要什么；如何根据客户的需求来完善我们的产品；我们的服务有什么不好的地方，下一步如何改进……

海尔集团也有这样一句销售名言：客户的抱怨是我们成长的机会，客户的难题是我们开发的课题。

优秀的公司对待客户的态度都是相同的。下面就来看一下韦思达顿公司是怎么处理客户抱怨的吧。

韦思达顿公司是专门制造安全铁门的，他们公司有一个部门，叫做“信息采集部”，实质上是专门收集客户抱怨的。他们主动寻找客户，请他们找自己的毛病。上门投诉的，不问原因，先给予奖励。公司大门上赫然写着：抱怨是一种爱，投诉是一种关心。他们把客户的抱怨当作完善产品和服务的机会。

有客户抱怨说，门板在运送过程中，一不小心就损坏了。韦思达顿公司就改进了包装系统。有客户说门柄容易出问题，韦思达顿公司就加固了门柄，一律使用铁柄。

韦思达顿公司的生意一直领先同行，其秘诀就在于主动收集客户的抱怨信息。我们不可能把事情做得十全十美，但我们可以不断逼近十全十美。靠什么法子？靠客户提出宝贵的意见。

让客户给我们提意见，其实也就是让客户给我们想点子，这种不费力却能讨大好的事情，何乐而不为呢？

英雄所见略同。IBM 公司的营销副总戴维斯也这样说：“销售的法宝在哪里？就在于架设一条永远畅通的管道，把客户的抱怨传递到销售员耳中。这样你就知道客户想要什么，排斥什么。如果我们始终根据客户抱怨的反馈完善自己的产品和服务，那么我们才能随时跑在市场的前面。”

下面，谈谈销售员如何处理客户的抱怨。

一、先当“顺毛驴”

客户抱怨时，一般都是情绪激动的时候。如果此时我们加以反驳，就如同火上浇油。对方抱怨时，我们应一再表示感谢：“感谢您为我们提出的宝贵意见，这是对我们的关心。”这样，客户看你态度诚恳，就会慢慢消气，冷静下来。客户冷静下来，事就好办多了。

二、从怨言中寻找到有用的信息

一般情况下，客户在抱怨的过程中比较情绪化，说话条理性差，气话和废话多，真相往往隐藏其中。这时销售员一定要认真记录下来，过滤掉那些没用的信息，寻找到问题之所在，为后面提出解决方法铺好路。

三、满足客户的合理要求

客户除了抱怨发泄之外，当然还想在经济上挽回损失。如果他们的抱怨是合理的，公司的确有责任，应该满足客户的要求，给予经济上的补偿。

四、讲明原则，不失底线

如果客户的要求是无理的，也要以礼相待，以不争执为底线。避免争执，不一定就要放弃我们的原则和底线，可以采用灵活的方法。比如，我方没有任何问题，但是客户想退货，我们不必正面反驳，只是和气地告诉对方："对不起，我本人很想尊重您的意愿，给您退货。无奈我们公司有规定，您的退货要求不在那个规定范围内，我爱莫能助啊。"

处理客户的抱怨，可以按照以上所讲的原则和方法进行演练。无论如何，你要记住松下幸之助说的："抱怨我们的客户，说明他们有需求，只是我们不能很好地满足他们的需求罢了。客户的抱怨在哪里，需求就在哪里了。"从这个角度去看待抱怨，你的心态就会更加平和而理性了。

在任何一组东西中，最重要的只占其中一小部分，约20%，其余80%尽管是多数，却是次要的。

——维弗雷多·帕累托

客户分级，深耕肥沃的土地

一般来说，企业80%的收入来源于20%的客户。也就是说，只有少数大客户能为公司带来长期的利润，大多数则不能。

对于销售员来说，80%的收入也是来源于20%的客户。因此你应当对自己手中掌握的客户进行分级，找到那些对自己业绩提成贡献度较高的客户。对这些高质量的客户，你要格外花心思去“深耕”。他们就像一片肥沃的土地，能让你的辛勤汗水结出累累硕果。

具体分级标准为：

（1）客户每月、每季度甚至每年能消费多少产品？（日用品、快消品可以按照每月和每季度衡量，大宗工业品可以用年计算）

（2）客户的购买是长期稳定的，还是经常变化不定的？

（3）什么因素会影响他们的购买行为？主观因素还是客观因素？（客观因素，比如客户搬家，离公司的距离较远，那么即使他们有购买欲望，也会去较近的地方采购。主观因素，比如客户听从了其他厂家销售员的介绍，选购了他们的产品）

按照以上标准对其进行分析后，就可以细分出客户的等级。

一般来说，管理界将客户划分为“蝴蝶类”“挚友类”“茶壶类”“陌生人类”这四个等级。

“蝴蝶类”客户：他们的选择忽冷忽热，像蝴蝶一样飞来飞去。虽然能使企业盈利，但不忠诚。

“挚友类”客户：指那些像朋友一样关心企业，能给企业带来稳定而长期的利润，又忠诚于企业的客户。

“茶壶类”客户：这类客户尽管对产品满意，也不定期购买，但是不能给企业带来较为可观的利润。比如，效益较差时开工的厂家、消费能力较低的低收入人群。这类客户就像茶壶里煮饺子一样——有嘴吐不出。你可以从他们身上赚到利润，但是会受到客观条件的制约。

“陌生人类”客户：是指那些既不忠诚，又没有利润可赚的客户。

划分出客户等级后，销售员需要根据客户的价值大小，提供有针对性的产品和服务。比如，对待“蝴蝶类”客户，在他们购物时，要尽可能地从他们身上获利。对待“挚友类”客户，要细心呵护。在推行客户忠诚计划时，应该把重点放在这些占客户比例20%左右的“挚友类”客户上。对待“茶壶类”客户，需要挖掘他们持续消费的潜力，并关注他们的财务变化。对待“陌生人类”客户，要早点识别出他们，不对他们做任何投资。这样才能保证自己的销售活动有的放矢，使这些资源发挥最大的效益。

值得说明的是：这个分级并非刻板的。事实上，这四种客户有时候会相互转换。原一平就曾经多次遇到。

在给客户分类管理方面，原一平是把客户依次分为A、B、C、D、E、F这6个等级。毕竟一个人的精力是有限的，因此他的精力主要放在A、B两个级别上，其他的只是兼顾，C、D、E、F级的客户甚至经常被淘汰。

一天，原一平被报纸上的一则新闻吸引住，新闻中主角的姓名很熟悉。他的脑海中逐渐浮现出那个人的形象：“啊！就是他！对了！一定是很久以前从‘F’级被淘汰的N先生。”于是，原一平连忙去翻找那些被束之高阁的客户卡。

“他是S公司的顾问，此外还热心社会工作。”客户卡上是这样记录的。原一平一边高声朗读，一边激动地说：“唔！今天的访问计划要变更一下。”

因为他从报纸新闻中发现了一条新的线索，因而改变了自己对这个客户的看法，将其重新列入客户名单，并直接升为A级。就这样，一个曾经被淘汰掉的客户重现生机了。

F级能变成A级，A级也可能变成F级，变是这个社会唯一不变的真理。但这并不意味着“分级客户，分别对待”的方法不科学。变的是他们的级别，不变的是不同级别的对待方法。

在电脑普及的今天，销售员整理客户资料比原一平时代方便快捷多了。用excel或其他专业软件，可以轻松地建立客户分类档案。随时调取，随时检阅，随时更新，随时调整。

将客户分级对待，似乎有嫌贫爱富之嫌。其实这与道德无关。否则，你就应该将自己的单子让给家庭负担重的A君，或者转给付出更多的B女士。

营销是没有专家的，唯一的专家是消费者，就是你只要能打动消费者就行了。

——史玉柱

至关重要的是让大客户更加忠诚

有时候，感觉用身处战场来形容销售工作，真是最贴切不过了。

一名销售员，就相当于一座城池。数不清的同行来攻打你，蚕食你的领地。你在防卫的同时，也需要走出城门，到广阔的市场中与同行厮杀，甚至需要去攻打同行的城池。战争的最终胜负，是由什么来决定的呢？

尽管开拓新的业务很重要，但牢牢占据你已经拥有的市场，把它建成你攻而不破的根据地更重要。如果你一味流动作战，弄不好大本营遭劫，连立锥之地也没有。

忠诚的客户就是一道护城河。忠诚客户越多，忠诚指数越高，你的护城河就越宽、越深，敌人也就越难攻入。

如果我们不小心失去了一两个小客户，你不必锥心痛恨，因为他们对整个销售来说，可能是无关痛痒的。如果你由于某种原因丢失了一个大客户的话，你当年的销售额就会受到很大的影响。所以增强大客户的黏性，就成了我们培养忠诚客户工作的重中之重。

什么是大客户呢？是不是对方腰缠万贯，就是你所追寻的目标呢？

没那么简单。大客户至少都有这样一个特征：对你所在的企业的发展，能够带来可预测的持续贡献。具体来说，大客户往往购买频繁，单次购买数量多，服务要求高，管理工作复杂。

将大客户揽入你怀中后，怎样让他们成为你牢不可破的朋友？

具体来说，要从以下几个方面着手。

一、客户管理流程化

与大客户之间的合作与协调，是一个比较复杂的问题，不是一天两天、一回两回就可以搞定的，要对对方进行全程跟踪服务，帮助对方及时发现产品使用过程中出现了什么问题，以便及时提出解决方案。

基于这个原因，你的服务就要进入客户的管理流程，帮客户建立一套工作机制，把责权分清楚，以便出现问题的时候，清楚责任点在哪里。例如一台机器不能正常运行，其原因可能是网络坏了，也可能是数据库坏了，或者是客户的操作人员水平有问题，不一定就是你售出的机器存在问题。

你一定要帮客户有效地解决与产品相关的问题，不能无功而返。否则你就会失信于客户，与客户的关系就可能恶化。帮助客户解决问题，表面上你是付出了，但实际上你是在和客户加强关系。再说帮客户解决问题是你本来的义务，这个费用客户也是提前支付了的。

如果你全力以赴地帮助客户解决问题，客户会增加对你的信任，在情感上与你拉近距离。下面来看 IBM 公司是怎么与他们的客户联络感情，维系亲密关系的。

IBM 公司成立之初，就喊出了“IBM 就是服务”这句响彻全球的口号。几十年过去了，它仍旧不改初衷。这是 IBM 成功的三大基石之一，也是 IBM 企业文化的精髓所在。

IBM 本着一切为客户服务的宗旨出发，在销售产品的同时，为客户提供相关的产品说明书和保养维修的技术资料，还提供安装调试、排除故障、定期检修、培养技术人员等各项服务，并成立相关部门，及时解答客户提出的各种技术问题，一一听取客户使用产品后的评价意见等。

这些种类繁多的全方位立体服务，使 IBM 用户高度满意，从而为企业赢得了有口皆碑的信誉，创造出独树一帜的 IBM 企业文化。

IBM 还把保持与客户的经常性联系，作为自己的一项常规工作，每月对客户的满意程度进行定期评估，其评估结果将影响员工及资深主管的报酬和职位升降。每隔三个月，他们还要在客户中做一次员工服务态度调查。此外，IBM 总部的高级主管也要按公司规定定期拜访客户。

同时，IBM 还实行“增值销售和延伸销售”这一崭新的策略。在产品售出后，让专家为客户提供咨询，并在集中客户意见的基础上，不断改进产品性能。经常为客户提供最新的科技成果和情报资料，不断拓展所售产品的应用范围，从而延伸销售的触角，使其不断增值。

IBM 公司对客户的服务是深入的，可谓是钻到了对方的肚子里。所以客户与他们始终打得火热，不离不弃。

由此可以看到，卖方把产品卖给大客户以后，不仅要参与客户的管理流程，而且参与得越深入越好，这将有利于与客户之间建立“水乳交融”的关系。

二、建立大客户投诉渠道

普通客户的投诉都要引起重视，更何况是大客户了。不理睬或怠慢他们的诉求，就会让他们的怒气无处发泄，最终的结果很可能是抛弃你，和你恩断义绝。

一定要在你的公司内部建立有效的投诉渠道，并且让大客户清楚知道它在哪儿。一旦出了问题，客户找不到人投诉，他的切身利益就可能遭受损失，这不是非常让人恼怒的事情吗？

不管什么时候，我们都要站在客户的一边，为客户着想，将事情处理在萌芽状态，不要让它像火山一样爆发。有了妥善的疏通渠道，客户一肚子的怨气有地方出了，不就没事了？

当然，我们还要注意一个问题：对于大客户而言，不能仅仅只有经理一条沟通渠道，还要在技术层面和管理层面建立起稳定的渠道，以保证下情上达。

三、设置专门部门服务大客户

长期以来，我一直觉得，作为销售一方，在组织结构层面上，最好设置一个专门的部门，负责处理相应阶段的大客户维护工作，哪怕这个部门是临时性的。

为什么这样说呢？我以为公司的每一个部门，都有自己的文化圈子。做大客户和做小客户的思维、做事方式都不太一样，在一起很难沟通。如果一个人既要管大客户，又要管中小客户，真是勉为其难了。

比如说，一个1千万元的项目需要一名销售员，而一个10万元的项目也需要一名销售员，这个时候资源如何分配，可不是随便指点几下就能完成的。企业应设立专门的部门或机构来服务大客户，宁肯大客户部门小一点，精一点，也不能和中小客户部门混杂在一起，浪费资源不说，还做不好事情。

另外，关于大客户部门的负责人由谁担当，这个问题也很重要。建议该负责人最好由公司副总裁一级的人担任，只有这样的人才有能力，也具有当场拍板的权力。同时还应该建立定期与客户进行双方高层会面的机制，这有利于高层之间增进了解。

四、进一步分析客户的需求潜力

在建立关系前，我们已经对大客户的需求作了深入的调查和研究。随着双方的信任和了解不断加固，是否就应该减少这方面的工作呢？

不能。万事都是变化的，客户的需求也在变化。我们应该密切关注对方的需求，对客户进行更加深入的分析，掌握客户的需求潜力，以便进一步加强自己满足客户要求的能力。这也就增加了销售的内容，进一步扩大或开辟了销售市场，同时又和对方加固了关系。

以上四点，就是在与大客户沟通中要做的工作，这是维系大客户忠诚的重要环节。这四点就像汽车的四个轮子，是你平稳疾行的保障。

我始终抱持着一个态度：没有“问题客户”，只有客户的重大问题。陷溺问题的挣扎，永远比寻求解决之道浪费时间且消耗精力。

——李奥·贝纳

被忽略的富矿：流失的客户

原一平曾经说过：“时时刻刻记住保持住一个老客户，要比去物色两个新客户好得多。”

根据市场调查，目前一个公司平均每年约有20%的客户在流失，因此销售员手中的客户流失率大致也是20%。有些销售员还没来得及细想失去的是哪些客户，什么时候失去、为什么会失去的时候，就开始忙于招徕新客户了，因为他们认为这是“正常”的。他们关心的是今天（本月）的销售额是多少，却没有关心销售给什么人，因此会将焦点放在拼命招徕新客户上。

有没有想过：失去一位老客户造成的损失，需要开发多少新客户才能弥补回来？

美国学者弗里得里克·里奇海尔得的研究表明：重复购买的客户相对于新客户，对于一家银行来说，利润会增加85%；对于一位保险经纪人来说，利润会增加50%；对于汽车维修店来说，利润会增加30%。

此外，挽回一个流失的客户，比开发一个全新的客户要容易得多。毕竟你们曾经打过交道，他对你有一定的熟悉与信任才会购买你的产品。至于后来“变心”，只要找准症结，对症下药，胜算会比开发新客户的成功率高得多。也就是说，流失的客户，其实是一个含金量很高的富矿。

要与流失的客户“重叙旧缘”，先要明白客户为什么会流失。一般来说，客户流失的原因不外乎以下几方面。

销售员为他们提供的消费价值下降，客户感到不满意。比如，餐饮业，同样价格的菜品，现在却偷工减料，客户当然会离开。

另外，如果原来为自己服务的销售员换成了其他人，而这些人又不能提供专业的服务，也会令客户离去。

还有一种原因是，公司的经营理念发生改变。比如，原来面向中低档客户服务的公司，现在突然开发面向高档客户的产品，客户当然也会离去。

在这样的情况下，计算出每一位老客户对企业的“终身价值”，来确定挽回哪些客户，放弃哪些客户，然后选择适合的时间去重新接触需要挽回的客户。

除了以上各种原因外，来自销售员自身的原因，比如服务态度改变，细节不到位等，也会令他们无言地离去。

以上这些情况说明，在为客户服务的过程中，任何一个环节出现差错，都会引起客户购物心理的变化，给他们的消费过程带来不便或者不利的影响。这一切，他们多数不会主动告诉销售员本人和企业。因此销售员要挽留住流失的客户，首先需要深入了解他们流失的原因，这样才能发现问题，及时采取必要的措施。具体来说，有哪些措施呢？

一、倾听流失客户的意见、建议

如果想搞明白客户离开自己的原因是什么，就需要主动走到他们中间去，倾听他们的意见和建议。

有些销售员看到客户流失，担心客户会指责自己工作不力，因此总是回避与客户进行交流、合作，这从侧面造成客户对品牌忠诚度的降低。事实上，多数客户非常愿意向销售员倾吐自己的心声。

如果有客户不愿细说，不妨通过其他客户进行侧面打听，因为有些客户之间是互通信息的。只要销售员持续不断地倾听他们对企业产品、自身服务及其他工作方面的意见、建议，并且对这些信息所对应的工作进行检查，发现问题，改进工作方式，就能不断地调整销售策略，以适应对方的需求。

有家汽车4S店的经理，很注重倾听客户的意见。他说："我们一定要听到客户最真实的声音，哪怕是发牢骚。"他不仅倡导员工这样做，而且专门设立总经理接待日，就服务问题与客户进行面对面交流。他自己还亲自电话回访超过半年未回站的客户。

二、请客户来挑刺

既然是倾听客户建议，就不要忌讳他们揭短和挑刺。只有看到自己的不足，才能改正不足。

在这方面，原一平是这样做的，他对客户赞扬自己的言语很少关注，反而对提出批评责备的言语视如珍宝。针对自己的工作，认真反复地思考对方话语的含义。经过一番思考后，他会发现自己在工作中的缺点和弱点，在以后的工作中有意纠正这些不当的方式，赢得客户的刮目相看。

三、请客户当监督员

为了显示尊重客户的诚意，对提出意见和建议的客户，可以赠送他们一些小礼物，另外还可以请客户当监督员。这在一些服务行业大行其道。

比如某家连锁火锅店，在新店开业前三个月让客户来"挑刺"。每挑一个刺，就可以将当次消费金额打八折。通过以上这些措施，客户看到了他们改进工作的决心与行动，流失的客户也纷纷回头。

以上是挽回流失老客户的一些措施。销售员可以根据自己的实际情况采用不同的方法，也可以创新出一些新办法。只要能达到挽留流失客户的目的，正当的方式都可以采用。但要注意别用超常规的利诱，超常规意味着不可持续——下次他们得不到好处时，最终还是要流失的。